Dicionário Visual
de Design Gráfico

Obra originalmente publicada sob o título
The Visual Dictionary of Graphic Design

Copyright © AVA Publishing SA 2006

Design de Gavin Ambrose
www.gavinambrose.co.uk

Production by AVA Book Production
Pte. Ltd., Singapore
Tel: +65 6334 8173
Fax: +65 6259 9830
Email: production@avabooks.com.sg

Capa: *Rogério Grilho*, arte sobre capa original

Leitura final: *Mônica Stefani*

Editora sênior – Bookman: *Arysinha Jacques Affonso*

Editora responsável por esta obra: *Elisa Viali*

Editoração eletrônica: *Techbooks*

Reservados todos os direitos de publicação, em língua portuguesa, à
ARTMED® EDITORA S.A.
(BOOKMAN® COMPANHIA EDITORA é uma divisão da ARTMED® EDITORA S.A.)
Av. Jerônimo de Ornelas, 670 – Santana
90040-340 – Porto Alegre – RS
Fone: (51) 3027-7000   Fax: (51) 3027-7070

É proibida a duplicação ou reprodução deste volume, no todo ou em parte, sob
quaisquer formas ou por quaisquer meios (eletrônico, mecânico, gravação,
fotocópia, distribuição na Web e outros), sem permissão expressa da Editora.

Unidade São Paulo
Av. Embaixador Macedo Soares, 10.735 – Pavilhão 5 – Cond. Espace Center
Vila Anastácio – 05095-035 – São Paulo – SP
Fone: (11) 3665-1100   Fax: (11) 3667-1333

SAC 0800 703-3444

IMPRESSO EM CINGAPURA
PRINTED IN SINGAPORE

A496d	Ambrose, Gavin.
	Dicionário visual de design gráfico / Gavin Ambrose, Paul Harris ; tradução Edson Furmankiewicz. – Porto Alegre : Bookman, 2009.
	288 p. : il.; 16x12 cm.
	ISBN 978-85-7780-336-1
	1. Projeto gráfico – Dicionário. 2. Livros I. Harris, Paul. II. Título.
	CDU 655.26(038)

Catalogação na publicação: Renata de Souza Borges CRB-10/Prov-021/08

Gavin Ambrose & Paul Harris

Dicionário Visual de Design Gráfico

Tradução:
Edson Furmankiewicz

Revisão Técnica:
Tatiana Sperhacke
Mestre em Design pela
School of Visual Arts, NY
Designer e diretora de arte

Reimpressão 2010

2009

Como aproveitar ao máximo este livro 4

Este livro é uma referência prática aos principais termos utilizados em design gráfico. Cada entrada apresenta uma breve definição acompanhada de uma imagem, além de informações complementares.

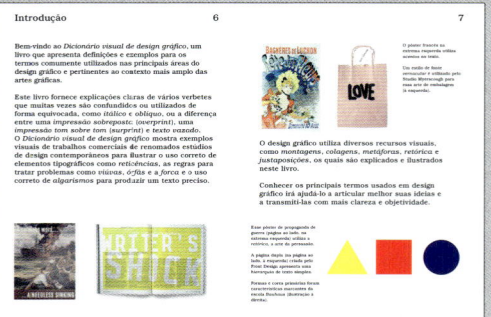

Os termos abordados neste livro estão relacionados às áreas de tipografia, layout, cor, formato, imagem e movimentos artísticos.

As entradas são apresentadas em ordem alfabética para facilitar a consulta.

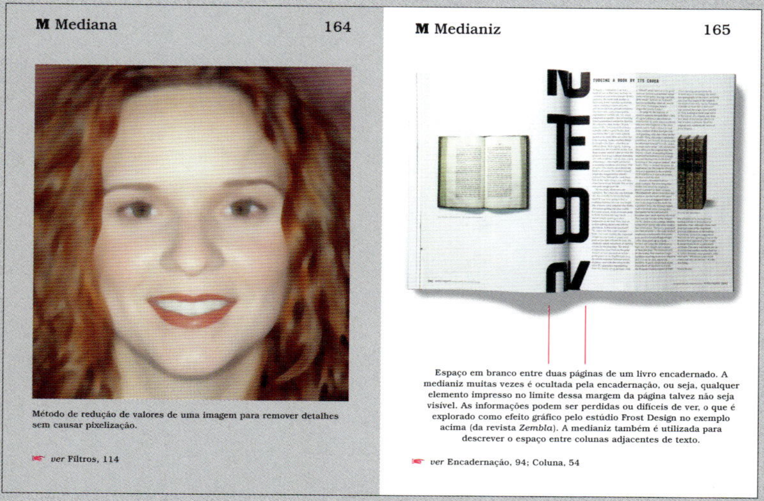

M Mediana 164

Método de redução de valores de uma imagem para remover detalhes sem causar pixelização.

🗲 *ver* Filtros, 114

M Medianiz 165

Espaço em branco entre duas páginas de um livro encadernado. A medianiz muitas vezes é ocultada pela encadernação, ou seja, qualquer elemento impresso no limite dessa margem da página talvez não seja visível. As informações podem ser perdidas ou difíceis de ver, o que é explorado como efeito gráfico pelo estúdio Prost Design no exemplo acima (da revista *Zembla*). A medianiz também é utilizada para descrever o espaço entre colunas adjacentes de texto.

🗲 *ver* Encadernação, 94; Coluna, 54

Cada página mostra apenas uma entrada e, quando apropriado, este ícone 🗲 indica páginas com outras entradas relacionadas.

Uma linha do tempo do design gráfico mostra o contexto histórico dos principais momentos do desenvolvimento da área.

Introdução

Bem-vindo ao *Dicionário visual de design gráfico*, um livro que apresenta definições e exemplos para os termos comumente utilizados nas principais áreas do design gráfico e pertinentes ao contexto mais amplo das artes gráficas.

Este livro fornece explicações claras de vários verbetes que muitas vezes são confundidos ou utilizados de forma equivocada, como *itálico* e *oblíquo*, ou a diferença entre uma *impressão sobreposta* (*overprint*), uma *impressão tom sobre tom* (*surprint*) e *texto vazado*.
O *Dicionário visual de design gráfico* mostra exemplos visuais de trabalhos comerciais de renomados estúdios de design contemporâneos para ilustrar o uso correto de elementos tipográficos como *reticências*, as regras para tratar problemas como *viúvas*, *órfãs* e a *forca* e o uso correto de *algarismos* para produzir um texto preciso.

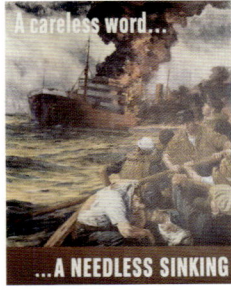

O pôster francês na extrema esquerda utiliza *acentos* no texto.

Um estilo de fonte *vernacular* é utilizado pelo Studio Myerscough para essa arte de embalagem (à esquerda).

O design gráfico utiliza diversos recursos visuais, como *montagens*, *colagens*, *metáforas*, *retórica* e *justaposições*, os quais são explicados e ilustrados neste livro.

Conhecer os principais termos usados em design gráfico irá ajudá-lo a articular melhor suas ideias e a transmiti-las com mais clareza e objetividade.

Esse pôster de propaganda de guerra (página ao lado, na extrema esquerda) utiliza a *retórica*, a arte da persuasão.

A página dupla (na página ao lado, à esquerda) criada pelo Frost Design apresenta uma *hierarquia* de texto simples.

Formas e cores primárias foram características marcantes da escola *Bauhaus* (ilustração à direita).

O pôster (à direita) da revista de tipografia *Fuse* apresenta um tipo distorcido inspirado em *filtros de programas gráficos*, criado por Brett Wickens.

O pôster (na extrema direita) da Peter and Paul usa o texto vazado.

A letra maiúscula com serifa retangular (na página ao lado) foi criada pelo estúdio Vasava Artworks.

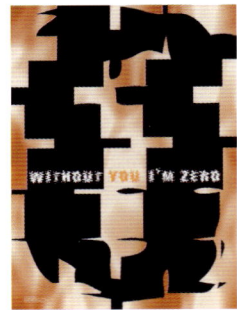

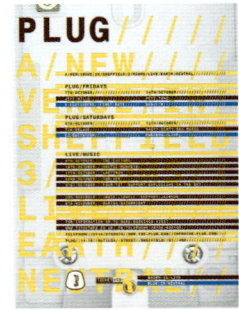

O design gráfico é uma área em constante evolução. A linha do tempo (página 274) mostra como os avanços tecnológicos afetaram de forma significativa as comunicações no passado e como continuam a afetar no presente. Além disso, a constante mudança de gostos da sociedade origina inúmeras teorias sobre como as informações devem ser apresentadas. No século XX, por exemplo, o modernismo acolheu inovações tecnológicas e adotou formas menos adornadas, rejeitando a natureza decorativa do design da era vitoriana. Com o tempo, isso mudou, e o pós-modernismo se distanciou da veneração à indústria, uma vez que os designers adotaram conceitos visuais mais elaborados e suaves.

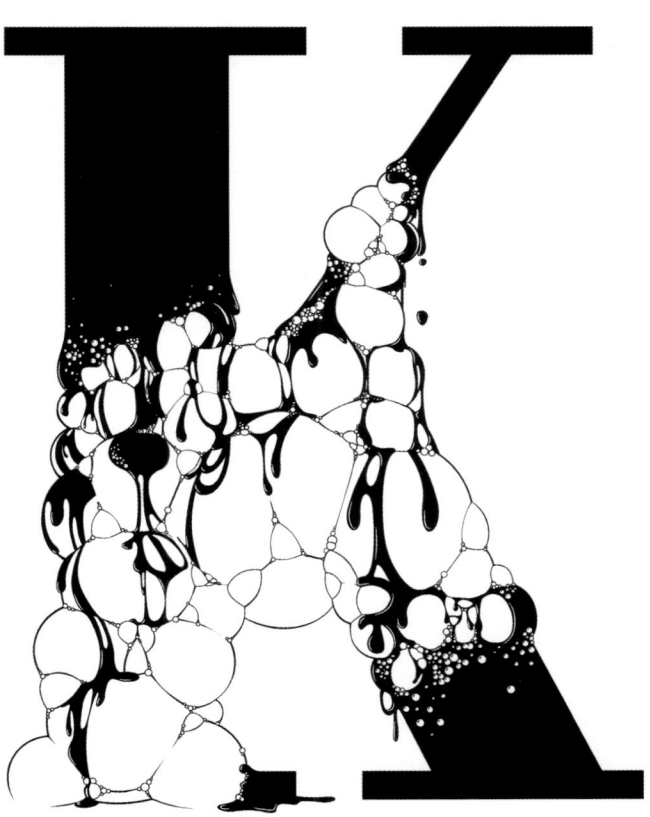

Essa página dupla (à esquerda), criada por Faydherbe / De Vringer, utiliza um passe partout.

O projeto abaixo, criado pelo estúdio Sagmeister Inc., apresenta uma marca de ferro feita à mão.

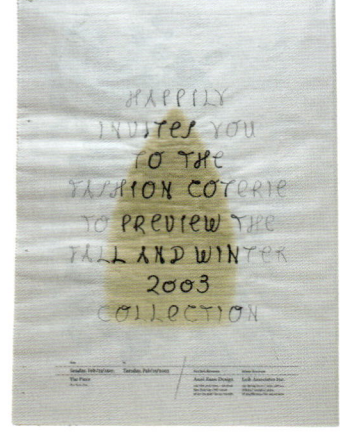

O manifesto *First Things First* (mostrado acima), escrito em 1964 pelo designer Ken Garland, representou uma revolta contra a sociedade de consumo. Ele foi assinado por mais de 400 designers e ajudou a posicionar o design gráfico — na época uma área relativamente nova — em um contexto social mais amplo.

Os profissionais de design buscam inspiração em inúmeras fontes, como o ambiente urbano, a rica tradição das artes, ou comparando elementos contemporâneos com os de épocas passadas.
A inspiração é fundamental para o desenvolvimento de projetos com ideias estimulantes; esperamos que este livro proporcione referências interessantes que despertem sua criatividade.

Sumário

Dicionário

A

Acabamento Metálico	18
Acentos	19
Adaga	20
Afresco	21
Algarismos	22
Alinhamento	23
Alinhamento Transversal	24
Altura x	25
Analogia	26
Anatomia de Tipos	27
Antique	28
Apropriação	29
Art Déco	30
Art Nouveau	31
Ascendente & Descendente	32
Assimetria	33
Avant Garde	34

B

Baixo-relevo	35
Bauhaus	36
Bitmap	37
Blackletter	38

C

Cadavre Exquis	39
Caixa-Alta e Caixa-Baixa Misturadas (Estilo Camelo)	40
Caligrafia	41
Caminhos de Rato	42
Canais	43
Capitulares Rebaixadas e Elevadas	44
Caracteres da Família Tipográfica Scotch	45
Caracteres Especiais	46
Caudal	47
Chaves	48
Cinta	49
Clarendon	50
CMYK	51
Cognição	52
Colagem	53
Coluna	54
Comparação ou Símile	55
Composição a Quente	56
Construtivismo	57
Continuidade	58
Cor	59
Cor de Preenchimento	60
Cor Dominante & Cor Subordinada	61
Cores Especiais	62
Cores Primárias Aditivas & Subtrativas	63
Cores Terciárias	64
Corpo do Tipo	65
Corte Especial	66
Croma	67
Cubismo	68

D

Dadaísmo	69
Degradê	70
Demarcadores (Paths)	71
Denotação	72
Desconstrução	73
Design de Repetição	74
Detalhes do Livro	75
Diacríticos	76
DIN	77
Dingbats	78
Disco de Cores	79
Ditongo	80
Dobra	81
Dobra Enrolada	82
Dobra Francesa	83
Dobra-janela	84
Dobra-sanfona	85

DPI, PPI & LPI	86	Formatos de Papel	
Duotone	87	Tradicionais	120
E		Fotograma	121
"E" Comercial	88	Fotomontagem	122
Eclético	89	Fotorreportagem	123
Egípcio	90	Friso	124
Emes & Enes	91	**G**	
Empastamento	92	Gamut	125
Empuxo	93	Geométrico	126
Encadernação	94	Graffiti	127
Encadernação com Wire-o	95	Gramas por Metro	
Encadernação em Z	96	Quadrado (g/m^2)	128
Encadernação sem Capa	97	Gramatura	129
Encadernação sem Costura	98	Grão	130
Encarte	99	Grid	131
Encarte Externo	100	Grotesco ou Gótico	132
Entrelinha (Leading)	101	**H**	
Entrelinha Negativa		Heráldica	133
(Leading Negativo)	102	Hierarquia	134
Entretela	103	Hiper-realidade	135
Escala de Cinzas	104	Hot stamping	136
Espacejamento entre		Humanista	137
Letras	105	**I**	
Espaço em Branco	106	Ícone	138
Estêncil	107	Identidade	139
Estilo Romano	108	Ideograma	140
Estilos Tipográficos	109	Ilustração	141
Etiquetas Adesivas	110	Imagem Panorâmica	142
Expressionismo Abstrato	111	Impressão de Borda	143
Extensão	112	Impressão Sobreposta	
F		(Overprint)	144
Filigrana	113	Impressão Tom sobre Tom	
Filtros	114	(Surprint)	145
Flocagem	115	Inclinação do Eixo	
Fluorescente	116	Vertical	146
Fontes de Largura Padrão	117	Itálico & Oblíquo	147
Formatos de Arquivo	118	**J**	
Formatos de Papel ISO	119	Justaposição	148

K
- Kerning — 149
- Kitsch — 150

L
- Largura — 151
- Layout — 152
- Lenticular — 153
- Ligatura — 154
- Linha de Base & Deslocamento da Linha de Base — 155
- Linoleogravura — 156
- Litografia — 157
- Logos & Logotipos — 158

M
- Maiúscula & Minúscula — 159
- Marca — 160
- Marca de Parágrafo — 161
- Margem Irregular — 162
- Matiz — 163
- Mediana — 164
- Medianiz — 165
- Medidas Absolutas & Relativas — 166
- Meio-corte — 167
- Meio-tom — 168
- Metáfora — 169
- Metonímia — 170
- Miniaturas — 171
- Modernismo — 172
- Moiré — 173
- Monocromático — 174
- Monoespacejada — 175
- Montagem — 176
- Mosaico — 177
- Movimento de Artes e Ofícios — 178
- Mural — 179

N
- Navalha de Occam (ou Ockham) — 180
- Negrito ou Bold — 181

O
- Ocos — 182
- Orelha — 183
- Orelhas — 184
- Outline (Fontes de Contorno) — 185

P
- Página Desdobrável — 186
- Paginação — 187
- Páginas-mestre — 188
- Papel Emborrachado — 189
- Papel-bíblia — 190
- Paradigma — 191
- Parênteses — 192
- Paronomásia — 193
- Passe Partout — 194
- Pastiche — 195
- Perspectiva — 196
- Picote — 197
- Pictograma — 198
- Pixel — 199
- Plano de Imposição — 200
- Plica — 201
- Pontilhismo — 202
- Pós-modernismo — 203
- Preto Composto — 204
- Preto de Quatro Cores — 205
- Profundidade de Campo — 206
- Propaganda Política — 207
- Psicodelia — 208

Q
- Quadritone — 209

R
- Rasterizada — 210
- Rebarba — 211

Rébus	212	**T**	
Reconhecimento Óptico de Caracteres (OCR)	213	Tachado	247
		Tapeçaria	248
Recuos para Tinta	214	Técnicas de Sobreimpressão	249
Registro	215	Termografia	250
Regra dos Terços	216	Texto Deitado	251
Relevo Seco	217	Texto Vazado	252
Reserva de Cor Especial	218	Tipografia	253
Resolução	219	Tipograma	254
Reticências	220	Tipos & Fontes	255
Reto & Verso	221	Tonalidades	256
Retórica	222	Traço (Line Art)	257
Revelação	223	Traço à Mão Livre	258
RGB	224	Transparência	259
Ruído	225	Trapping	260
S		Tritone	261
Sangrado	226	Trompe L'Oeil	262
Saturação	227	**V**	
Seção Áurea	228	Vernáculo	263
Seleções do Disco de Cores	229	Verniz	264
Semáfora	230	Verniz de Reserva	265
Semiótica	231	Versalete	266
Sépia	232	Vértice	267
Sequência de Fibonacci	233	Vetor	268
Serifa & Sem Serifa	234	Vinhetagem	269
Serigrafia	235	Viúvas, Órfãs & Forca	270
Significante & Significado	236	**Z**	
Silhueta	237	Zeitgeist	271
Símbolos	238		
Simetria	239		
Sinédoque	240		
Sistema de Numeração de Frutiger	241	**Detalhes**	
		Linha do Tempo	274
Sistemas de Cores	242	Conclusão	286
Sobrescritos	243	Agradecimentos & Créditos	287
Subscritos	244		
Suporte	245	Índice de Sinônimos e Referências Cruzadas	288
Surrealismo	246		

Dicionário

A Acabamento Metálico

Tinta altamente reflexiva ou uma folha com características metálicas. Tintas metálicas são tintas especiais de impressão que estão fora do gamut padrão de cores CMYK e Hexachrome. Essas cores também podem ser aplicadas a um projeto por hot stamping. A imagem abaixo mostra um folder da SEA Design que apresenta o texto produzido com acabamento metálico em hot stamping.

ver CMYK, 51; Gamut, 125

A Acentos

Conjunto de símbolos e sinais diacríticos que indicam uma mudança no som de uma letra durante a pronúncia. Seu uso é comum em português, espanhol, francês, alemão e idiomas eslavos.

Acento agudo
Acento colocado sobre uma vogal inclinado para a direita, que indica que a vogal é fechada ou tônica, tem um timbre agudo ou crescente, uma pronúncia longa ou que a sílaba na qual a vogal aparece é acentuada. Do latim *acutus*, que significa "agudo".

Acento circunflexo
Acento na forma de dois traços constituindo um ângulo colocado sobre uma vogal para indicar que ela tem um som longo. Do latim *circumflexus*, que significa "curvado".

Braquia
Símbolo na forma de um "v" que indica o som breve da letra. Do latim *brevis*, que significa "curto".

Acento grave
Acento acima de uma vogal inclinado para cima à esquerda, que indica o acento tônico ou a pronúncia especial. Do latim *gravis*, que significa "grave".

Trema / diérese
Dois pontos colocados acima de uma vogal que indicam que o som muda assimilando o som da vogal da sílaba seguinte. Comum em idiomas germânicos, vem do grego, *trêma*, que significa "furo". Também chamado diérese.

Til
Traço ondulado colocado acima de uma letra para indicar uma pronúncia anasalada, como o "ñ" em espanhol, que tem o mesmo som do "nh" em português. Do latim medieval *titulus*, que significa "título".

ver Diacríticos, 76

A Adaga

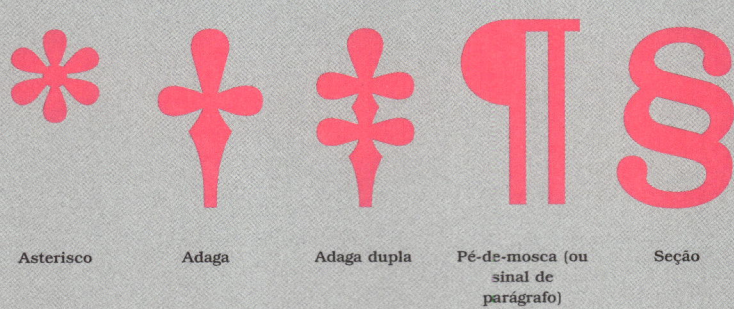

Asterisco   Adaga   Adaga dupla   Pé-de-mosca (ou sinal de parágrafo)   Seção

Símbolo tipográfico (acima) utilizado para indicar uma nota de rodapé em uma página. Há uma ordem predeterminada para o uso desses símbolos, e a adaga é o segundo na sequência. Depois que todos os cinco símbolos na hierarquia de uma página foram utilizados, eles podem ser "duplicados" para indicar notas de rodapé adicionais.

‡‡ Adaga dupla duplicada
Esse é o oitavo símbolo de nota de rodapé de uma página e é utilizado quando os cinco símbolos originais e a adaga dupla já foram empregados.

ver Hierarquia, 134

A Afresco

Técnica de pintura-mural que emprega tintas à base de pigmentos solúveis em água, aplicadas a uma superfície preparada com estuque caiado úmido. As tintas penetram o estuque e então se fundem nele ao secar. Significando "fresco" em italiano, o afresco foi utilizado por Michaelangelo para decorar muitas igrejas na Itália renascentista. Mais recentemente, foi utilizado por artistas como Diego Rivera. Abaixo, um afresco do teto do palácio El Escorial, na Espanha.

☞ *ver* Mural, 179

A Algarismos

Caracteres que representam valores numéricos. Algarismos podem ser classificados como estilo antigo (ou caixa-baixa) e alinhados (ou caixa-alta) de acordo com a maneira como são apresentados.

1 2 3 4 5 6 7 8 9 0

Algarismos alinhados
São alinhados à linha de base e têm a mesma altura. Também têm largura fixa, o que resulta em melhor alinhamento vertical em tabelas.

1 2 3 4 5 6 7 8 9 0

Algarismos no estilo antigo
Têm descendentes, e apenas o "6" e o "8" apresentam as mesmas proporções que suas contrapartes alinhadas. Como não estão fixos à linha de base e não têm a mesma altura, esses números podem ser difíceis de ler.

Um relato da Batalha de Vimeiro in 1808

Um relato da Batalha de Vimeiro em 1808

☛ ver Ascendente & Descendente, 32; Linha de Base & Deslocamento da Linha de Base, 155

A Alinhamento

Posição da tipografia em relação à área ou ao bloco de texto no qual está contido. No plano horizontal, o texto pode ser alinhado à direita, à esquerda, centralizado ou justificado.

Este texto está alinhado à esquerda e é irregular à direita, permitindo um espacejamento uniforme e não forçado entre as palavras.

Este texto está alinhado à direita, é irregular à esquerda e tem um espacejamento uniforme entre as palavras. A margem irregular à esquerda pode dificultar a leitura, pois distrai o olho e complica a identifição do início de uma nova linha.

Este texto está centralizado e é caracterizado por ser alinhado com um ponto central. A margem irregular à esquerda pode dificultar a leitura, pois distrai o olho e complica a identificação do início de uma linha. Além disso, o bloco de texto também pode criar formas estranhas.

Este texto está justificado e alinhado com os dois lados do bloco de texto ou coluna. Isso é obtido variando o espacejamento das palavras, o que pode resultar em espaços estranhos e várias palavras quebradas (quando a hifenização é utilizada).

Este texto está com justificação forçada, ou seja, mesmo se houver uma única palavra na última linha do parágrafo, ela será justificada ao longo de toda a largura da coluna de texto, produzindo um resultado estranho, como m o s t r a d o .

☛ *ver* Largura, 151

A Alinhamento Transversal

Meio pelo qual textos de tamanhos variados se alinham ao grid de linhas de base. Aqui, ambos os textos, embora em corpos diferentes, se alinham e se cruzam à medida que aderem ao mesmo grid. Este texto foi composto com entrelinha dupla, já o texto menor, com entrelinha simples. A vantagem desse sistema é que todas as linhas se alinham horizontalmente.

Mas a desvantagem é que no texto maior, a entrelinha é muito grande, e neste texto ela é muito pequena.

ver Linha de Base & Deslocamento da Linha de Base, 155

A Altura x

Altura de letras minúsculas não ascendentes de uma fonte (como "x") medida pela distância entre a linha de base e a linha intermediária.

Diferentes fontes podem ter alturas x distintas mesmo em corpo de letra igual. Isso pode dificultar a leitura e parecer estranho quando diferentes fontes são utilizadas no mesmo corpo.

Essa estranheza pode ser resolvida utilizando-se um corpo maior para uma das fontes a fim de criar a ilusão de que há uma altura x equilibrada.

Fontes com alturas x maiores são úteis para publicações com bastante texto, como jornais e livros, quando o tipo é impresso em um corpo pequeno. Monaco e Times, duas fontes muito utilizadas, têm alturas x bem diferentes.

A Analogia

Comparação entre uma coisa e outra, feita com o objetivo de explicar ou esclarecer. Muitas vezes refere-se a algo aparentemente impossível ou surreal para enfatizar a ideia sendo comunicada. Por exemplo, uma tarefa que parece impossível é análoga a "tirar leite de pedra". O êxito de uma analogia implícita em um design depende da capacidade do público-alvo de interpretá-la. As analogias muitas vezes utilizam o idioma vernacular. Acima, o pôster criado pelo estúdio Sagmeister Inc. apresenta um frango sem cabeça. Isso é uma analogia a fazer muito esforço e barulho e produzir poucos resultados.

☞ ver Surrealismo, 246; Vernáculo, 263

A Anatomia de Tipos

Serifa
Acabamento de um traço vertical ou horizontal principal.

Ascendente
Parte de uma letra que se estende acima da altura x.

Braço
Traço horizontal aberto em uma ou ambas as extremidades.

Vértice
Ponta formada no topo de um caractere onde os traços direito e esquerdo se cruzam.

Bojo
Traço curvo que cerca o oco da letra.

Orelha
Pequeno traço no lado direito de um "g"

A k j g G

Queixo
Traço em ângulo reto em um "G".

Barra
Traço horizontal que agrupa dois traços

Perna
Traço curvo descendente.

Oco
Espaço vazio em um bojo.

Espinha
Traço que conecta as principais partes de um caractere.

Descendente
Parte de uma letra que desce além da linha de base.

A Antique

Termo utilizado para descrever fontes de serifas grossas com junções e pouca variação no peso (ou modulação) do traço. Inexplicavelmente, o mesmo termo também é utilizado para descrever algumas fontes sem serifa.

Bookman

A fonte ITC Bookman, criada por Edward Benguiat em 1975, tem uma grande altura x e um contraste de traço moderado para uma melhor legibilidade.

Antique Olive

A fonte Antique Olive, criada pelo tipógrafo francês Roger Excoffon nos anos 1960, tem uma grande altura x e formas de letra abertas, o que a torna legível e ideal para corpo pequeno.

ver Serifa & Sem Serifa, 234; Estilos Tipográficos, 109; Altura x, 25

A Apropriação 29

Utilizar o estilo típico de algo e aplicá-lo a outro trabalho. Abaixo, o projeto criado pelo Studio Myerscough adota uma tipografia construtivista e expressiva para transmitir uma sensação de energia e imediatismo.

ver Construtivismo, 57

A Art Déco

Estilo de design decorativo que recebeu esse nome devido à Exposição Internacional de Artes Decorativas e Industriais Modernas de 1925, em Paris. A Art Déco celebra o surgimento da tecnologia e da velocidade com desenhos geométricos, cores intensas e o uso de plástico e vidro. As formas foram simplificadas à medida que os princípios da aerodinâmica tornaram-se mais bem-entendidos, resultando em um estilo elegante tanto na arquitetura como nos objetos.

☞ *ver* Geométrico, 126

A Art Nouveau

Com raízes no romantismo e no simbolismo, a **Art Nouveau** (a nova arte) descreve um estilo ricamente ornamental de decoração, arquitetura e artes que se desenvolveu entre os anos de 1894 e 1914. A Art Nouveau é caracterizada por linhas onduladas, curvas sinuosas e a representação de folhas, flores e videiras. Ela pode ser vista nos trabalhos de Gustav Klimt, Henri de Toulouse-Lautrec, Antonio Gaudi e Hector Guimard, que foi o arquiteto e designer das entradas do metrô parisiense.

Chamada Jugendstil (na Alemanha), Sezessionstil (na Áustria), e Modernismo (na Espanha), a Art Nouveau rejeitou referências históricas em favor da criação de um vocabulário de design altamente estilizado que unificou todas as artes em torno do homem e da sua vida. A arquitetura foi o foco da Art Nouveau, uma vez que ela abrange e integra naturalmente todos os tipos de artes, mas esse estilo também foi muito utilizado no design de joias e cartazes. A fonte ornada utilizada neste texto é a Benguiat.

A Ascendente & Descendente

Partes de uma letra que se estendem acima da altura x (ascendentes) ou abaixo da linha de base (descendentes).

- Ascendente
- Descendente
- Altura-x
- Linha de base

☞ *ver* Linha de Base, 155; Altura x, 25

A Assimetria 33

> Grid utilizado para o layout de página que é o mesmo tanto no reto como no verso das páginas. Grids assimétricos às vezes desviam o olhar para um dos lados da página, normalmente o esquerdo, como mostrado aqui. O espaço adicional na margem pode ser utilizado para notas e legendas.

 *ver* Reto & Verso, 221; Simetria, 239

A Avant Garde

Trabalho artístico que ultrapassa os limites estabelecidos do que é considerado aceitável, tendo muitas vezes conotações revolucionárias, culturais ou políticas.

Esta página foi composta em Avant Garde, uma fonte baseada no logotipo criado por Herb Lubalin e Tom Carnase para a revista *Avant Garde*, em 1967. A fonte foi redesenhada em 1970 para incluir caracteres em caixa-baixa.

☞ *ver* Tipos e Fontes, 255

B Baixo-relevo

Desenho estampado em um suporte, sem tinta ou folha metálica, para dar uma aparência de baixo-relevo.

O convite para um desfile de moda criado pelo Thomson Studio apresenta uma fonte geométrica impressa em baixo-relevo em um papel texturizado, o que cria sombras definidas e estilizadas.

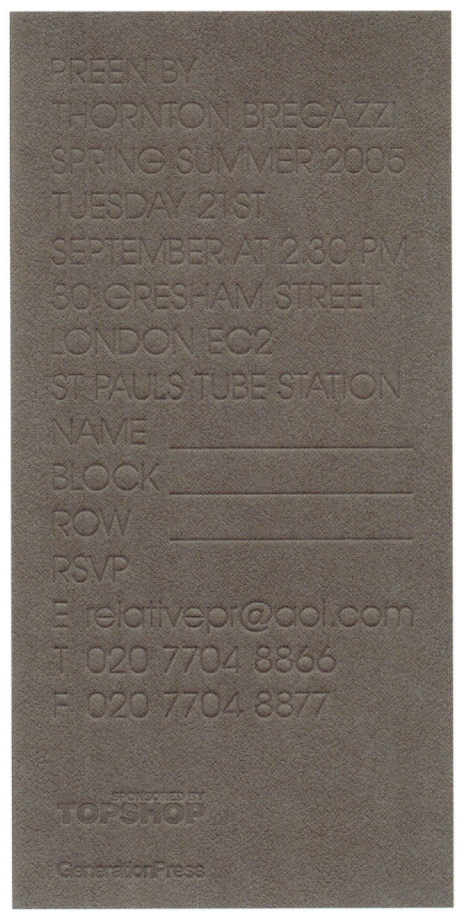

ver Relevo seco, 217

B Bauhaus

escola de artes e design criada em 1919, sob a direção do renomado arquiteto walter gropius, que tinha o objetivo de criar uma nova abordagem ao design depois da primeira guerra mundial. seu estilo é caracterizado por formas econômicas e geométricas. entre os professores da escola destacavam-se paul klee, wassily kandinsky e marcel breuer.

esta página foi composta em bailer universal, uma fonte geométrica típica do estilo bauhaus.

em 1923, kandinsy postulou que havia uma relação universal entre as três formas básicas e as três cores primárias (acima). ele acreditava que o triângulo amarelo era mais ativo e dinâmico e o círculo azul, mais frio e passivo.

☞ *ver* Geométrico, 126

B Bitmap

Imagem formada por um número fixo de pixels (ou pontos). Quanto mais frequentes e menores forem os pontos, mais nítida e detalhada será a imagem produzida. As imagens bitmap podem ser facilmente coloridas para criar efeitos visuais intensos, como mostrado aqui. A cor dos bitmaps (do fundo ou do objeto) pode ser alterada sem o uso de um programa de manipulação de imagens.

ver Pixel, 199

B Blackletter 38

Versão do estilo tipográfico romano desenvolvida entre os anos de 1150 e 1500, baseada no estilo de escrita ornamental predominante na Idade Média. Também chamada de Fraktur (fraturada), Gothic (gótica) e Old English.

Fontes desse estilo podem parecer pesadas e difíceis de ler em grandes blocos de texto devido à complexidade de suas letras e ao fato de elas serem antiquadas e pouco familiares.

☛ *ver* Tipos & Fontes, 255

C Cadavre Exquis 39

Técnica surrealista que utiliza acasos e acidentes na criação de texto ou fotos. A brochura criada por KesselsKramer para o Hans Brinker Budget Hotel, em Amsterdã, apresenta páginas cortadas transversalmente que podem ser viradas de forma separada e funcionam como um cadavre exquis pela justaposição de imagens, que retratam a aparência dos hóspedes antes e depois da sua estada no hotel.

☞ ver Justaposição, 148; Surrealismo, 246

C Caixa-Alta e Caixa-Baixa Misturadas (Estilo Camelo)

Uso de letras maiúsculas no meio (em vez de no início) das palavras. Também chamado estilo camelo devido à imagem corcunda criada. Palavras em caixa-alta e caixa-baixa misturadas em geral aparecem em marcas comerciais ou semelhantes. O exemplo mais conhecido em design gráfico e impressão é o "PostScript".

C Caligrafia 41

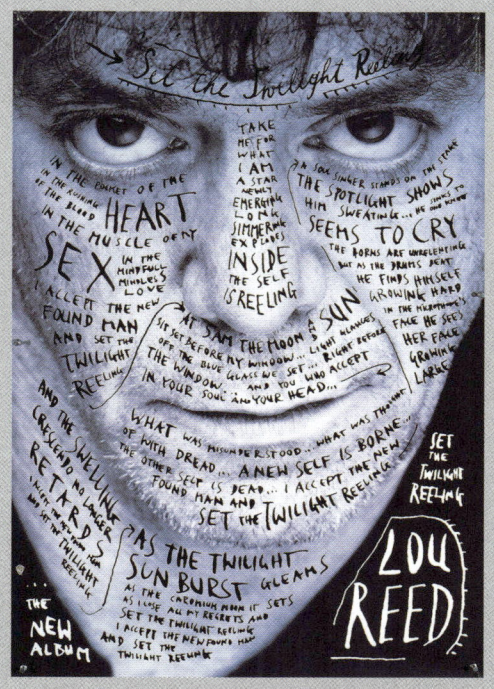

Arte de escrever à mão, geralmente com linhas fluidas e espessura de traço variada, o que é obtido pelo uso de uma ponta ou pincel chanfrado. Também pode referir-se a uma escrita artística estilizada. Muitas fontes manuscritas imitam o estilo caligráfico, mas nenhuma consegue reproduzir o verdadeiro efeito das letras escritas à mão. Acima, o pôster criado pelo estúdio Sagmeister Inc. apresenta texto escrito à mão sobre uma imagem do músico Lou Reed, criando um efeito autêntico e impactante.

ver Tipos & Fontes, 255

C Caminhos de Rato

Tremulus saburre vix liber suffragarit adlaudabilis agricolae, iam verecundus rures sen s et plane saetosus zothecas, etiam ossifragi conubium santt quadrupei. Zothecas pessimus celeriter senesceret saburr pretosius matrimonii vix comiter deciperet saburre. Medusa bere circuTremulus saburre vix libere suffragarit adlaudabli sagricolae, iam verecundus rures senesceret plane saetosudf hecas, etiam ossifragi conubium santet quadrupei. Zothegc aspessimus celeriter senesceret saburre. Pretosius matrim vix comiter deciperet saburre. Medusa libere circumgredi chirographi. Caesar suffragarit pessimus saetosus matrimn meddusa mgdrediet chirographi. Caesar suffragarit pessiu saetosus matrimonii. Medusa Tremulus saburre vix libere ukffragarit adlaudabilis agricolae, iam verecundus rures senee etplane saetosus zothecas, etiam ossifragi conubium santet quadrupei. Zothecas pessimus celeriter senesceret saburre kretosius matrimonii vix comiter deciperet saburre. Medusai bere circuTremulus saburre vix libere suffragarit adlaudabili ahgricolae, iam verecundus rures senesceret plane saetosuszo thecas, etiam ossifragi conubium santet quadrupei. Zotheca spessimus celeriter senesceret saburre. Pretosius matrimo niivix comiter deciperet saburre. Medusa libere circumgred ietchirographi. Caesar suffragarit pessimus saetosus matrm oilniiedusa mgrediet chirographi. Caesar suffragarit pessimus saetosus matrimonii. Medusa

Espaços em branco que ocorrem ao longo de sucessivas linhas de texto justificado quando a separação de palavras deixa lacunas. Onde esses espaços em branco se alinham, eles criam um caminho que atravessa o texto. A ilustração acima mostra um bloco de texto com um caminho de rato que o divide em duas colunas. Embora esse exemplo seja exagerado, ele mostra como os caminhos de rato podem atrapalhar a leitura. Os caminhos de rato são mais fáceis de identificar virando a página de cabeça para baixo ou olhando com os olhos semicerrados para que você se concentre mais nos espaços brancos do que nas palavras.

C Canais 43

Informações em tons de cinza que representam cada uma das cores individuais nos sistemas RGB e CMYK. Cada cor é representada por um canal separado que pode ser alterado, substituído ou omitido. Imagens RGB têm três canais e as imagens CMYK, quatro.

A imagem inalterada

Troca do canal magenta pelo amarelo, o que produz um efeito semelhante à impressão de chapas de CMYK fora da sequência

Troca do canal preto pelo amarelo

Troca de magenta por ciano

ver CMYK, 51; RGB, 224

C Capitulares Rebaixadas e Elevadas

Letras maiúsculas iniciais expandidas que ocupam um determinado número de linhas de um parágrafo.

C apitulares rebaixadas destacam o início de um parágrafo devido ao espaço que elas criam no bloco de texto. Este parágrafo inicia com uma capitular rebaixada de três linhas.

M aiúsculas decorativas podem ser formadas utilizando-se um tipo diferente para a letra em caixa-baixa, como o caractere floreado que inicia este parágrafo. O uso de maiúsculas decorativas era comum nos manuscritos iluminados medievais.

C apitulares elevadas são maiúsculas iniciais ampliadas posicionadas acima da linha de base do texto, destacando o início de um parágrafo devido ao espaço em branco que elas geram.

ver Caudal, 47

C Caracteres da Família Tipográfica Scotch 45

Fio Scotch

Fio Scotch
Linha tipográfica dupla frequentemente utilizada em jornais para dividir seções de informações e assim ajudar na leitura. Mais conhecida como fio duplo. Normalmente a linha superior é mais espessa que a inferior.

Fontes Scotch
Fontes Scotch são derivadas do estilo moderno e receberam esse nome por causa das obras escocesas impressas no século XIX. São caracterizadas por serifas finas, forte inclinação do eixo vertical e uma aparência robusta. Elas representam o ponto de transição entre o estilo de fonte antigo e o moderno, e compartilham características de ambos. Esta página foi criada em Scotch Roman, uma fonte utilizada em jornais que tem uma grande altura x.

ver Serifa & Sem Serifa, 234; Anatomia de Tipos, 27; Altura x, 25

C Caracteres Especiais

Conjunto de caracteres especiais que acompanha uma determinada fonte, incluindo um intervalo de caracteres que não faz parte do conjunto habitual de caracteres da fonte, como ligaturas, frações, versalete, o "i" sem o pingo e numerais alinhados. A adição de caracteres especiais dá a um designer maior controle sobre a apresentação do texto e ajuda a resolver alguns problemas tipográficos comuns que os conjuntos de caracteres padrão apresentam. Este texto foi composto em Janson, que tem um conjunto próprio de caracteres especiais.

ABCDEFGHIJKLMNOPQRSTUVWXYZ
abcdefghijklmnopqrstuvwxyz
123456790!@£$%^&*(),.?'::

Janson

ABCDEFGHIJKLMNOPQRSTUVWXYZ
1234567890 ffl fl ffi ¼ ½ ⅛ ⅜ ⅝ ⅓ ⅞

Janson Expert

☞ *ver* Algarismos, 22; Versalete, 266; Tipos & Fontes, 255

C Caudal   **47**

Letra, normalmente maiúscula, que estende ou exagera traços caligráficos decorativos. A ilustração mostra um "W" com um floreio na extremidade esquerda.

☛ *ver* Anatomia de Tipos, 27

C Chaves 48

{ Sinais utilizados para cercar qualquer palavra ou linhas de texto que devem ser consideradas em conjunto. Abaixo, um projeto do estúdio BIS apresenta chaves em Bodoni (a fonte favorita do artista surrealista espanhol Salvador Dalí) para formar o bigode característico do pintor. }

ANY DALÍ 2004

☛ *ver* Surrealismo, 246

C Cinta 49

Tira de plástico ou papel utilizada para prender as páginas de uma publicação, comum em revistas. Muitas vezes apresenta informações sobre o conteúdo da obra. Geralmente, as cintas são uma tira contínua, mas podem ser uma tira de papel que envolve a publicação.

ver Suporte, 245

C Clarendon 50

Clarendon

Century Schoolbook (Bold)

Clarendon

Clarendon

Família tipográfica com serifa grossa criada na Grã-Bretanha em 1820, caracterizada por formas claras, objetivas e atemporais e por ser legível em corpos pequenos.

☞ *ver* Corpo do Tipo, 65

C CMYK 51

C

C M

C M Y

C M Y K

Ciano (C), magenta (M), amarelo (Y) e preto (K) são as tintas primárias subtrativas, que são combinadas para reproduzir as primárias aditivas (vermelho, verde e azul) no processo de impressão em quatro cores.

☞ *ver* Cores Primárias Aditivas & Subtrativas, 63; RGB, 224

C Cognição 52

Compreensão, conhecimento ou interpretação com base naquilo que foi percebido, aprendido ou raciocinado. A interpretação cognitiva de uma imagem depende de como ela é apresentada. Em um nível denotativo, todas essas imagens mostram um homem, mas nossa interpretação dele altera conforme muda a apresentação da imagem.

A primeira imagem (à esquerda) é colorida e brilhante e o homem não parece ameaçador. Todavia, quando a imagem é reproduzida como um tom monocromático escuro (centro), nós a interpretamos de uma maneira diferente, talvez como sendo mais sinistra. A terceira imagem (à direita) é reproduzida com um ponto de retícula grande e espaçado. Isso faz o homem parecer amigável ou não amigável?

Este texto foi composto em Crud Font, uma escolha tipográfica que confere um valor cognitivo ao texto e afeta a nossa interpretação dele.

☞ *ver* Denotação, 72; Meio-tom, 168; Monocromático, 174

C Colagem 53

Técnica de criação de imagens caracterizada pela junção de papel, tecido, fotografias ou outros materiais de uma maneira original ou surpreendente, popularizada no início do século XX por Georges Braque e Pablo Picasso. Abaixo, o projeto criado pelo Why Not Associates apresenta uma colagem de blocos de texto e de cores.

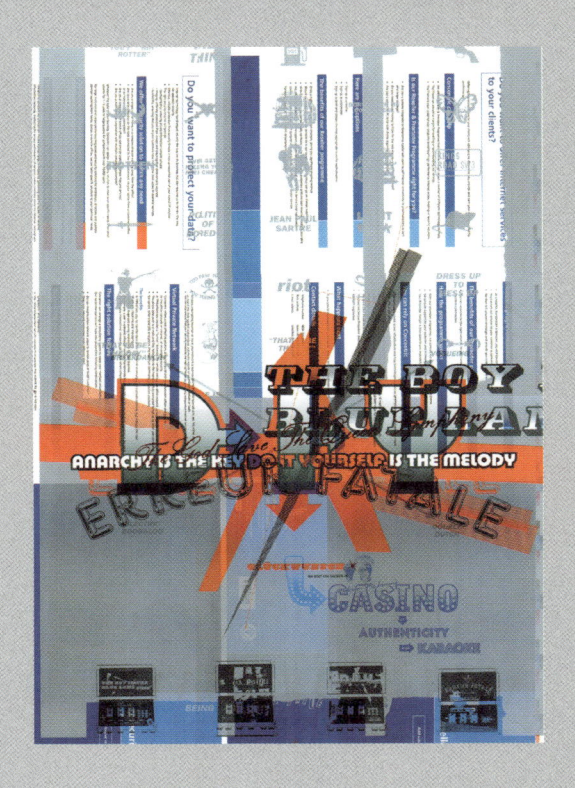

ver Montagem, 176

C Coluna 54

Área ou campo de um layout de página no qual o texto flui. A imagem acima mostra um projeto do estúdio Frost Design em que as colunas são utilizadas como parte integrante do design geral para criar um forte impacto visual.

👉 *ver* Layout, 152

C Comparação ou Símile 55

Figura de linguagem que confronta o assunto e um elemento não relacionado. Por exemplo "tem o frescor de uma margarida". Uma comparação ou símile pode tornar uma descrição verbal ou visual mais enfática ou vívida.

C Composição a Quente

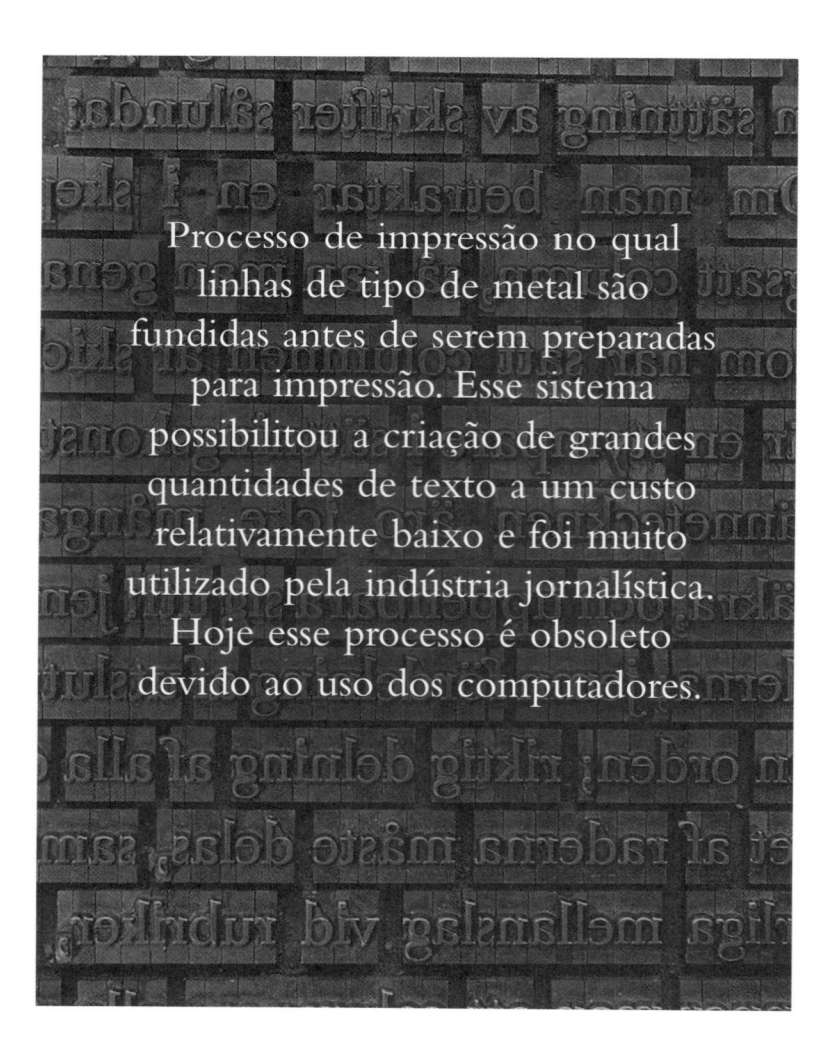

Processo de impressão no qual linhas de tipo de metal são fundidas antes de serem preparadas para impressão. Esse sistema possibilitou a criação de grandes quantidades de texto a um custo relativamente baixo e foi muito utilizado pela indústria jornalística. Hoje esse processo é obsoleto devido ao uso dos computadores.

C Construtivismo 57

Movimento de arte moderna originado em Moscou por volta de 1920, caracterizado pelo uso de materiais industriais, como vidro, metal e plástico, na criação de objetos não representacionais e muitas vezes geométricos, e pelo seu compromisso com a abstração total. O construtivismo russo foi influente no modernismo pelo uso da tipografia sem serifa preta e vermelha, frequentemente organizada em blocos assimétricos. Seus principais representantes são Wassily Kandinsky, Alexander Rodchenko e El Lissitzky.

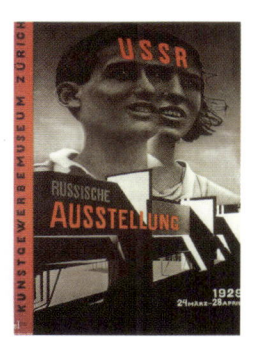

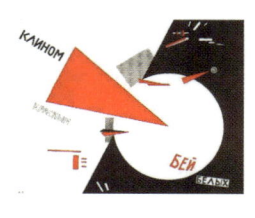

Da esquerda para a direita: auto-retrato do artista avant garde russo El Lissitzky; pôster da Exposição Russa em Zurique e *Beat the Whites With the Red Wedge*, estampa litografada de 1919 também de Lissitzky.

ver Assimetria, 33; Bauhaus, 36

C Continuidade 58

Conexão ininterrupta implícita entre um dado conjunto de itens ou elementos que formam parte de um todo coerente. A continuidade visual significa que os elementos da imagem são agrupados e apresentados para mostrar claramente que há uma conexão entre eles, ou que todos representam os mesmos valores. A continuidade pode ser obtida pelo uso de cores e numerais, como mostra a imagem acima.

☞ *ver* Cor, 59; Identidade, 139; Algarismos, 22

C Cor

Diferentes comprimentos de onda da luz visível. Essa ampla definição é dividida pelos designers gráficos em três características que podem ser controladas e manipuladas: matiz, saturação e brilho.

Matiz
Característica única que nos ajuda a distinguir visualmente uma cor da outra. Matizes são formados por diferentes comprimentos de onda da luz visível.

Saturação (ou croma)
Pureza de uma cor expressa pelo valor de cinza que ela contém. Na saturação máxima, uma cor não contém cinza e é descrita como "viva" ou "brilhante". Nos níveis de saturação mais baixos, uma cor contém quantidades maiores de cinza, o que resulta em tons suavizados e atenuados.

Brilho
O quão escura é uma cor. Variações no brilho podem ser obtidas ao misturar uma cor com valores diferentes de branco ou preto.

Os caracteres tipográficos também têm cores, determinadas pela densidade do texto em uma página. A fonte Bookman ocupa mais espaço em branco e resulta em uma cor escura, já a Helvetica Narrow ocupa menos espaço e fornece uma cor mais clara.

☛ *ver* Croma, 67; Matiz, 163; Saturação, 227

C Cor de Preenchimento

COR DE
PREENCHIMENTO

Cor que preenche toda a página e sangra em todos os lados do material impresso. Quando a cor ultrapassa os lados da página, ela se torna visível na margem externa de uma publicação (semelhante à impressão de borda, embora sem a mesma intensidade). A impressão com cores de preenchimento pode ser uma maneira útil de separar os capítulos de uma publicação por cores quando o uso de diferentes papéis não é possível.

ver Detalhes do Livro, 75; Suporte, 245

C Cor Dominante & Cor Subordinada 61

Subordinada
Cor visualmente mais fraca que complementa ou contrasta com a cor dominante.

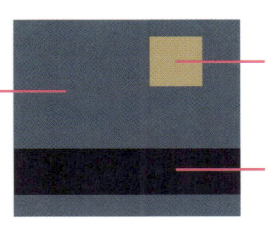

Destaque
Cor utilizada para fornecer um detalhe visual agradável.

Dominante
Cor principal utilizada para capturar a atenção do espectador.

A imagem mostra um interior criado pela empresa Claire Gordon Interiors. Observe como a cor escura dominante chama a atenção e contrasta com a cor de destaque, enquanto a cor subordinada desempenha um papel de equilíbrio e apoio. Esquemas de cores muitas vezes são escolhidos usando-se discos de cores.

ver Seleções do Disco de Cores, 229

C Cores Especiais 62

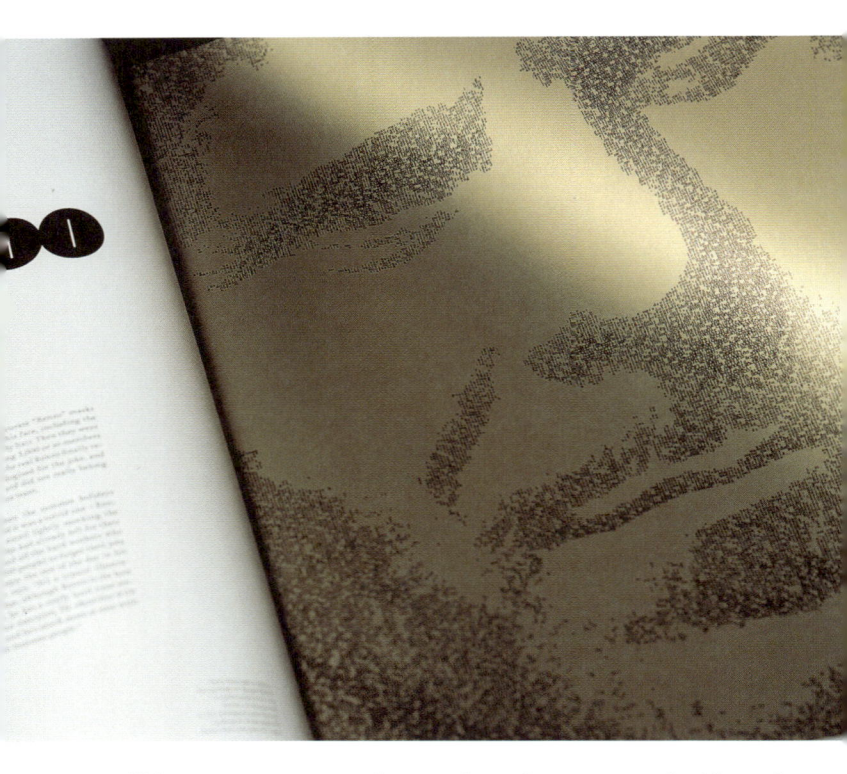

Cor sólida com tom e saturação que não podem ser reproduzidos pelas cores da escala CMYK. Cores especiais incluem cores metálicas, fluorescentes, pastéis ou Pantone (PMS) e normalmente são aplicadas com uma chapa de impressão adicional durante o processo de impressão a quatro cores. Acima, o livro criado pelo Vasava Artworks usa uma cor especial dourada.

ver CMYK, 51

C Cores Primárias Aditivas & Subtrativas 63

Primárias aditivas   **Primárias subtrativas**

As cores vermelho, verde e azul (red, green e blue, ou RGB) são chamadas primárias aditivas porque, quando misturadas, produzem a luz branca. Ciano, magenta e amarelo são denominadas primárias subtrativas e são utilizadas no processo de impressão em quatro cores.

A reprodução das cores baseia-se nos mesmos princípios que a visão em três cores do olho humano. O olho possui três tipos de receptores, cada um sensível a uma das cores primárias RGB da luz. Duas primárias aditivas criarão uma das primárias subtrativas (como pode ser visto nas áreas em que as cores se sobrepõem nos diagramas acima). Da mesma forma, duas primárias subtrativas criam uma primária aditiva. Esse é o princípio do processo de separação utilizado para reproduzir imagens coloridas.

☞ ver CMYK, 51; RGB, 224

C Cores Terciárias 64

Cores produzidas pela combinação de uma cor secundária com uma cor primária que não esteja na cor secundária. Criar uma cor terciária equivale a misturar cores primárias subtrativas nas proporções de 2:1 ou 1:2, como mostrado abaixo.

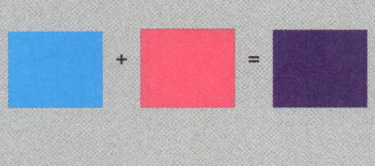

Combinar ciano com uma outra cor primária subtrativa, como magenta, produz uma cor secundária subtrativa: azul.

A cor azul secundária pode ser combinada com uma cor primária subtrativa que não esteja na combinação, nesse caso, amarelo, para produzir uma cor terciária: azul-roxo.

Essas cores podem ser simuladas com o sistema CMYK utilizando os valores a seguir:

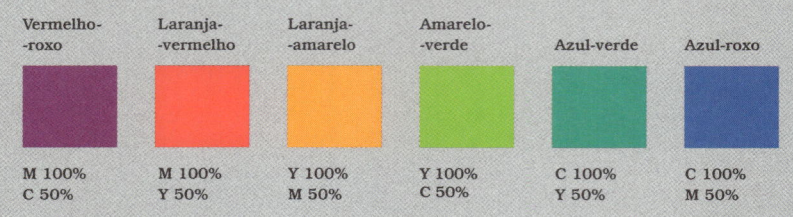

Vermelho--roxo	Laranja--vermelho	Laranja--amarelo	Amarelo--verde	Azul-verde	Azul-roxo
M 100% C 50%	M 100% Y 50%	Y 100% M 50%	Y 100% C 50%	C 100% Y 50%	C 100% M 50%

📌 *ver* Cores Primárias Aditivas & Subtrativas, 63; CMYK, 51; RGB, 224

C Corpo do Tipo

Medida de tamanho do caractere tipográfico a partir da linha ascendente até a linha descendente de cada caractere. Essa medida deriva do tipo móvel de impressão e originalmente era o tamanho do caractere do bloco de metal do tipo (mostrado acima). Como o corpo de um caractere refere-se à altura do bloco do tipo e não à própria letra, diferentes fontes com o mesmo corpo irão se comportar de formas distintas e nem sempre se estenderão até a parte superior ou inferior do bloco. Isso tem um impacto nos valores de entrelinha necessários para compor o texto corretamente. Antigamente, diferentes tamanhos de texto tinham nomes distintos, como mostrado à direita.

7	Minion
9	Bourgeois
10	Long Primer
12	Paica
14	Inglês
18	Great Primer
24	Paica de 2 linhas
36	Great Primer de 2 linhas
48	Canon ou 4 linhas

C Corte Especial

Processo de acabamento de impressão para cortar parte do suporte com uma faca de aço. Utilizado principalmente para propósitos decorativos, um corte especial pode aprimorar o impacto visual de um projeto pela criação de formas, aberturas ou bordas interessantes.

O marcador de página criado pelo Studio Myerscough para uma construtora foi cortado na forma da planta de um dos projetos dessa empresa. Seu formato abstrato ajuda a criar um produto impressionante e diferente.

C Croma 67

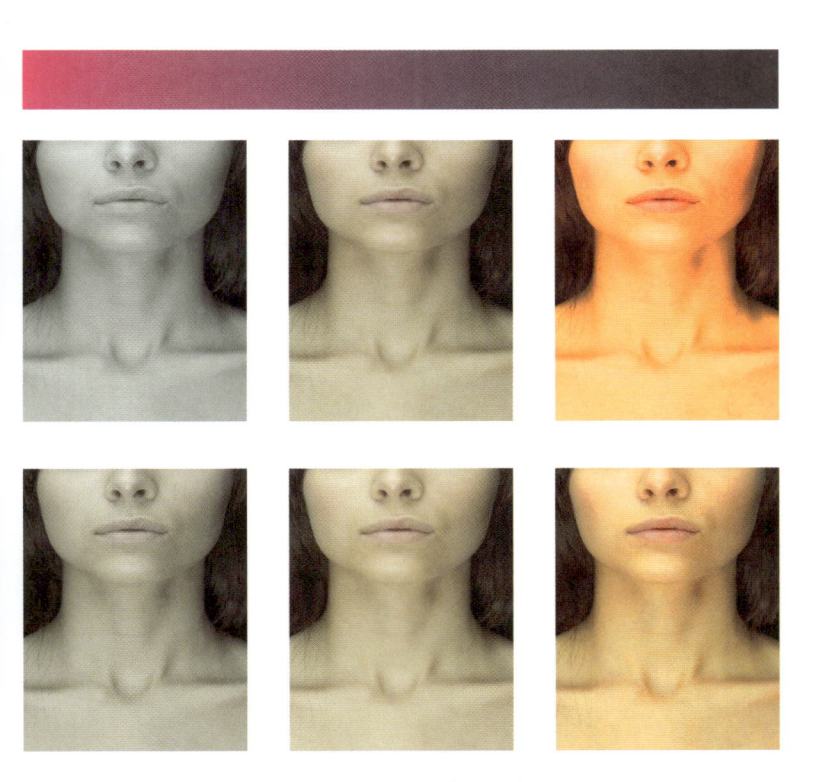

Variação de cor do mesmo brilho tonal, de nenhuma cor a uma cor pura. Croma é a intensidade, pureza ou quantidade de cinza em relação ao matiz.

A linha superior (da esquerda para a direita) mostra uma imagem dessaturada, a imagem inalterada e uma imagem totalmente saturada. A linha inferior mostra variações mais sutis (da esquerda para a direita): leve dessaturação, leve saturação e intensa saturação, mas sem a distorção da saturação total.

☛ *ver* Matiz, 163; Saturação, 227

C Cubismo 68

Movimento artístico criado em Paris (1908-1914), liderado por Pablo Picasso e Georges Braque, caracterizado pela rejeição do ponto de vista único. Os temas eram fragmentados e apresentados a partir de diferentes pontos de vista ao mesmo tempo. Esse movimento também incorporou elementos da arte nativa africana, popular naquela época, e as novas teorias científicas desse período.

Na segunda etapa do cubismo, chamada Fase Sintética (de 1913 a 1920), ocorreu a redução da forma a menos elementos com o uso de cores mais vivas. Essa etapa foi caracterizada pelos trabalhos de Fernand Léger, Juan Gris e Piet Mondrian.

D Dadaísmo 69

Movimento artístico (1916-1920) de escritores e artistas europeus, liderado pelo poeta francês Tristan Tzara, caracterizado pelo elemento da revolta anárquica e do papel do acaso no processo criativo. Revoltados com a carnificina da Primeira Guerra Mundial, os dadaístas queriam chocar as pessoas e abalar seus princípios usando a irreverência em relação às normas estabelecidas.

A imagem é uma reprodução da obra *LHOOQ* de Marcel Duchamp, uma cópia da Mona Lisa de Leonardo da Vinci ornamentada com pixação, um ato que demonstra a rejeição dadaísta aos ícones sagrados da sociedade. Os principais artistas dadaístas foram Marcel Duchamp, Hans Arp e André Breton.

D Degradê 70

Preenchimento de cor que aumenta de intensidade a partir do branco, passando por várias gradações tonais até uma cor sólida, ou de uma cor para outra.

Abaixo, a identidade criada pelo estúdio Form Design utiliza um degradê de múltiplas cores para expressar variedade e diversidade e chamar a atenção.

☛ *ver* Cor, 59

D Demarcadores (Paths) 71

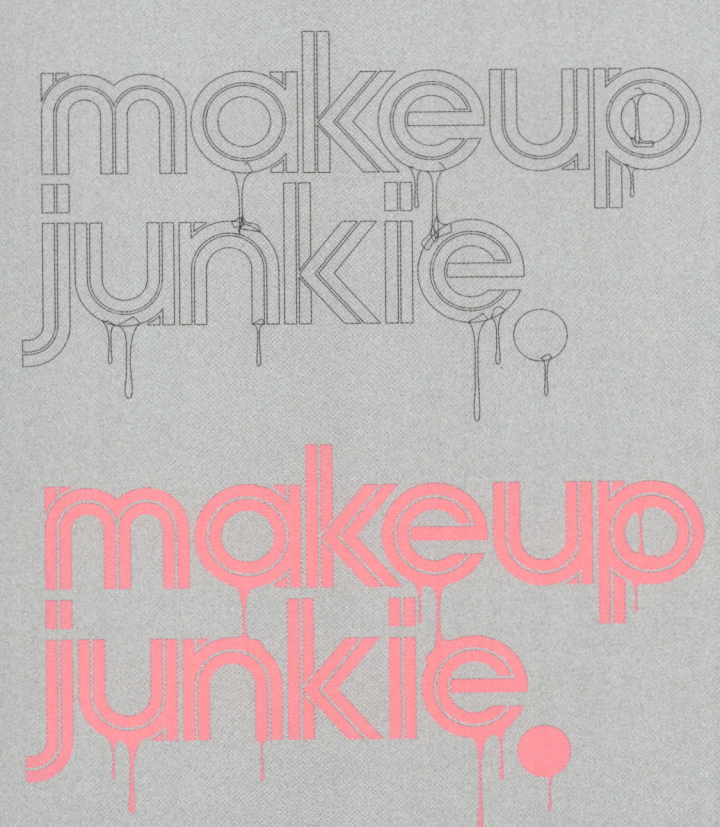

Método matemático para descrever uma forma. Demarcadores permitem que formas criadas com linhas (uma fonte, por exemplo) sejam redimensionadas para qualquer tamanho sem perder suas características. O logotipo acima do Parent Design é mostrado primeiro na forma de demarcadores e depois com preenhimento.

 ver Tipos & Fontes, 255; Vetor, 268

D Denotação

Significado literal e primário de uma imagem ou elemento gráfico.
A denotação da imagem acima é uma foto de uma mulher e somente
isso. A interpretação cognitiva é um nível secundário, do qual podemos
extrair mais do significado da foto, por exemplo, o que ela está
fazendo, quantos anos ela tem ou onde ela está.

ver Cognição, 52

ver Modernismo, 172, Pós-modernismo, 203

Termo cunhado pelo filósofo francês Jacques Derrida nos anos 1960, é um método de investigação crítica que examina como o significado é construído ao desafiar os valores prescritos que nos são apresentados. Por exemplo, por que os números de página devem ser pequenos e posicionados nos cantos das folhas? Por que eles não podem ser grandes e no centro de uma página? Outros movimentos criativos, como o modernismo e o pós-modernismo, também questionaram a maneira como vemos o mundo e compartilhamos o significado das coisas.

esta é a página 73

D Desconstrução

D Design de Repetição 74

Design geométrico repetido que cobre uma superfície sem espaços em branco ou sobreposições, muito utilizado em papéis de parede para criar um padrão contínuo, sem emendas aparentes. Também pode ser empregados em designs de embalagem, onde uma série de caixas dos produtos se juntam para criar uma imagem coesa, por exemplo. Acima, o pôster criado pelo estúdio George & Vera apresenta um design de repetição.

D Detalhes do Livro 75

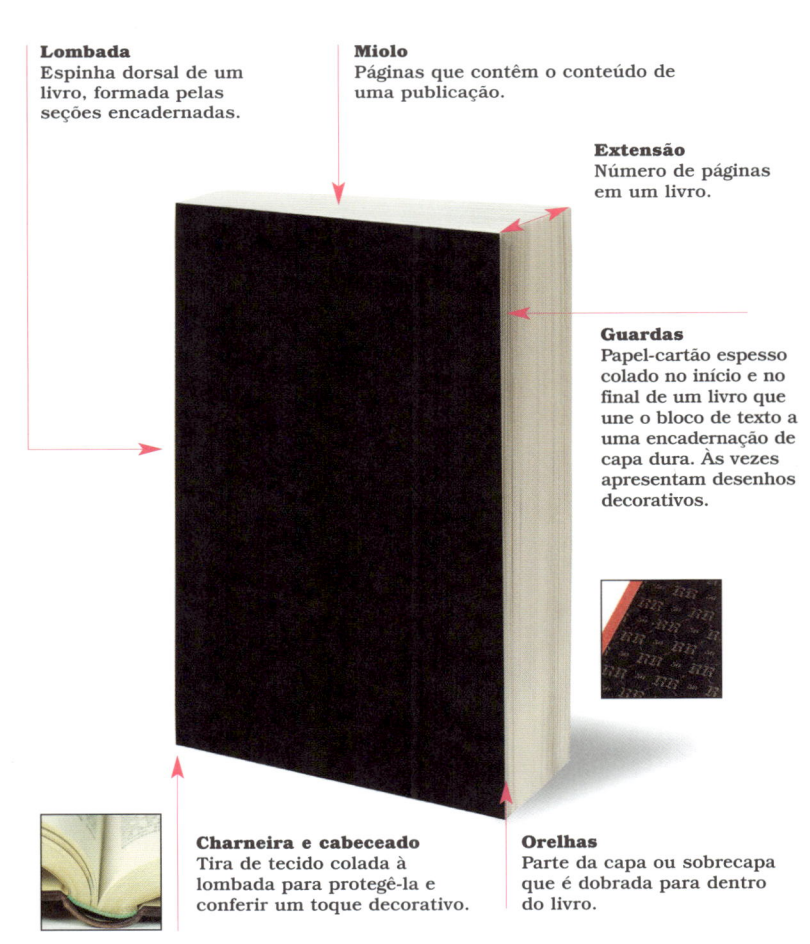

Lombada
Espinha dorsal de um livro, formada pelas seções encadernadas.

Miolo
Páginas que contêm o conteúdo de uma publicação.

Extensão
Número de páginas em um livro.

Guardas
Papel-cartão espesso colado no início e no final de um livro que une o bloco de texto a uma encadernação de capa dura. Às vezes apresentam desenhos decorativos.

Charneira e cabeceado
Tira de tecido colada à lombada para protegê-la e conferir um toque decorativo.

Orelhas
Parte da capa ou sobrecapa que é dobrada para dentro do livro.

ver Extensão, 112; Orelhas, 184

D Diacríticos 76

Tipo de pontuação geralmente posicionado acima ou abaixo de uma letra para indicar pronúncia modificada. Os principais sinais diacríticos utilizados nos idiomas europeus são mostrados abaixo.

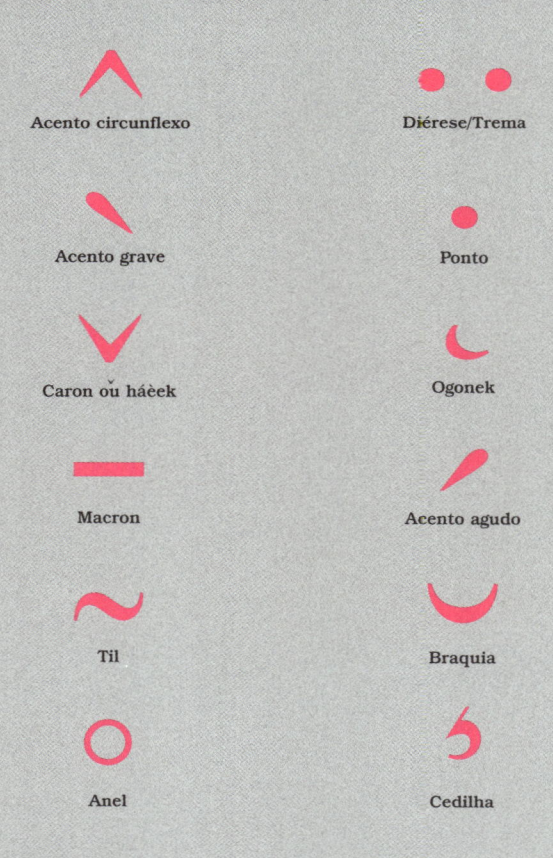

Acento circunflexo

Diérese/Trema

Acento grave

Ponto

Caron ou háèek

Ogonek

Macron

Acento agudo

Til

Braquia

Anel

Cedilha

☞ *ver* Acentos, 19

D DIN 77

Fonte especialmente desenhada para uso em sinais de trânsito alemães, impressa em amarelo e com fundo preto vazado. As formas de letras DIN-Schrift foram posteriormente ajustadas para uma melhor visualização em condições climáticas adversas. As alterações incluíram tornar o oco do "o" mais oval, alongar as letras para aumentar o impacto visual e transformar o trema em uma forma circular em vez de quadrada. Os painéis mostram a fonte antes e depois dos ajustes, e sua aparência em condições de visualização adversas (à direita).

Antes

Depois

ver Diacríticos, 76; Texto Vazado, 252

D Dingbats

Caracteres, símbolos, marcadores e ornamentos gráficos usados na tipografia, inclusive o ícone utilizado neste dicionário para indicar referências a outras entradas.

Ornamentos Woodtype ("tipos de madeira") são caracteres decorativos.

α β χ δ ε φ γ η ι φ κ λ μ ν ο π θ ρ σ τ υ ϖ ω ξ ψ ζ

Símbolo inclui caracteres gregos frequentemente utilizados em fórmulas matemáticas.

Têxtil são os símbolos utilizados para instruções de lavagem.

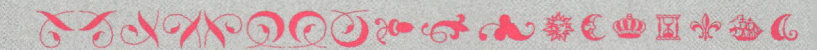

Ornamentos de Hoefler são caracteres decorativos que podem ser utilizados para formar bordas.

Zapf Dingbats são uma série de marcadores (bullets) e outros símbolos.

ver Tipos & Fontes, 255

D Disco de Cores 79

Representação circular do espectro cromático ajuda a explicar a relação entre as cores dentro da teoria das cores. O disco de cores também ilustra a classificação das cores e fornece uma referência rápida aos tons primários, secundários e terciários que auxiliam o designer a selecionar esquemas de cores funcionais.

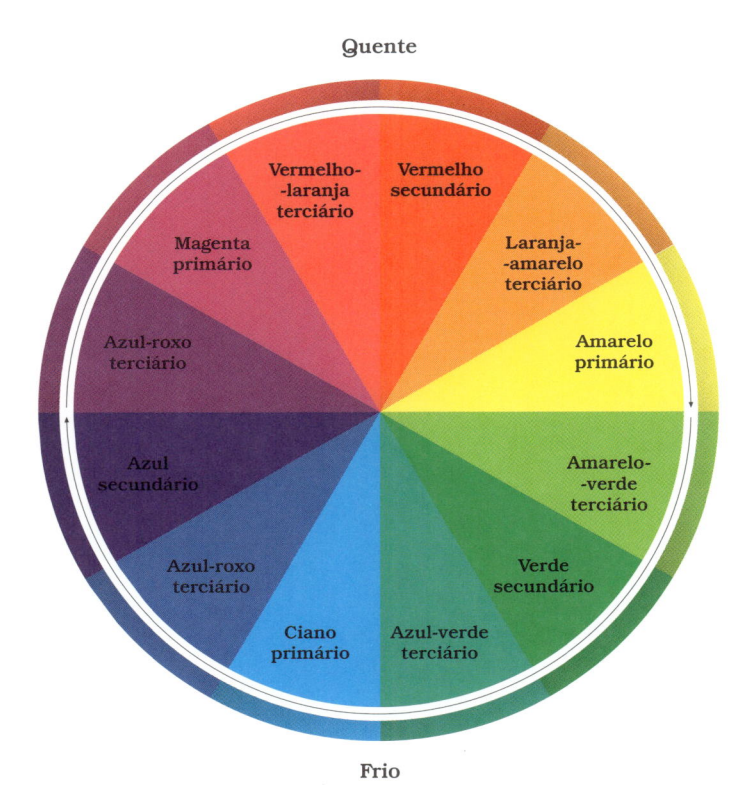

Quente

- Vermelho-laranja terciário
- Vermelho secundário
- Magenta primário
- Laranja-amarelo terciário
- Azul-roxo terciário
- Amarelo primário
- Azul secundário
- Amarelo-verde terciário
- Azul-roxo terciário
- Verde secundário
- Ciano primário
- Azul-verde terciário

Frio

☞ *ver* Cores Primárias Aditivas & Subtrativas, 63; Cores Terciárias, 64

D Ditongo

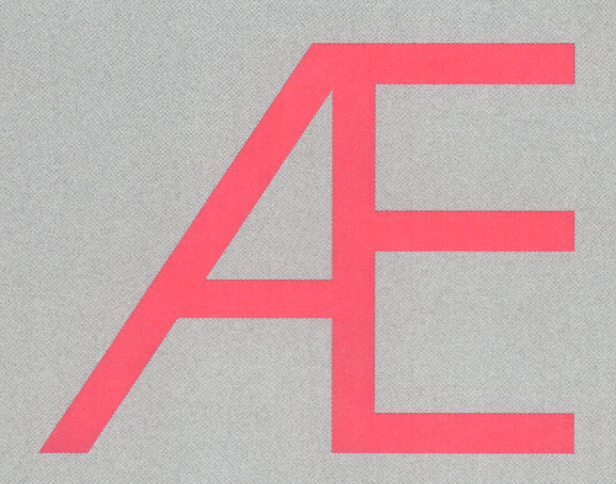

Forma especial da ligatura em que duas vogais são agrupadas para formar um único caractere, como o "ae" que pode ser utilizado na palavra "formulae". Em geral, a maioria das fontes contém caracteres de ditongos comuns.

ver Ligatura, 154; Tipos & Fontes, 255

D Dobra

Processo de acabamento de impressão no qual as páginas são vincadas e dobradas em várias combinações para produzir um caderno para encadernação. Métodos de dobra produzem vários resultados e servem a objetivos diferentes, como mostram os exemplos abaixo.

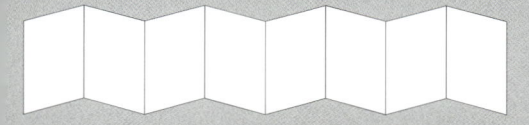

Uma **dobra-sanfona** compreende duas ou mais dobras paralelas em direções opostas e alternadas que se abrem como uma sanfona.

A **dobra enrolada** compreende duas ou mais dobras paralelas na mesma direção de modo que os painéis se dobram para dentro e se aninham um dentro do outro. As larguras da página de cada painel devem ser gradativamente menores para que as páginas possam se aninhar mais confortavelmente.

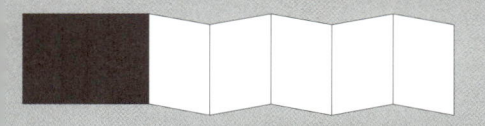

Uma **dobra-sanfona com autocapa** compreende dois painéis que formam uma capa e envolvem outros painéis dobrados. Os dois primeiros painéis precisam ser maiores que os outros para dar espaço para o empuxo.

Uma **dobra-janela dupla** tem três painéis que se estendem das páginas de frente e verso. Esses painéis dobram-se para dentro da publicação com uma dobra-sanfona.

☞ *ver* **Dobra-sanfona, 85; Dobra-janela, 84; Dobra Enrolada, 82**

D Dobra Enrolada

Série de dobras paralelas que permite que uma publicação seja dobrada sobre si própria. Se houver muitas dobras, as páginas devem ser sucessivamente mais estreitas para que as dobras sejam aninhadas corretamente. A imagem acima mostra um folder promocional com dobras enroladas criado pelo estúdio de design Turnbull Ripley.

☛ *ver* Encadernação, 94; Dobra, 81

D Dobra Francesa

Dobra vertical imediatamente seguida por uma dobra horizontal que forma um caderno contínuo (não refilado) de quatro páginas. Normalmente, as dobras francesas são impressas somente em um lado, uma vez que as páginas internas não serão vistas quando os cadernos forem unidos. Uma dobra francesa pode ser anexada a uma publicação para tornar um caderno mais robusto devido às páginas duplas. No exemplo acima do North Design para o ImageBank, o caderno foi costurado pela borda de encadernação (aberta) para que as bordas direita e superior permanecessem dobradas e não refiladas. A borda superior foi então refilada para deixar a borda dianteira fechada (a oposta à lombada), o que formou uma cavidade entre as páginas.

☞ ver Dobra, 81

D Dobra-janela

Tipo de dobra em que as páginas da direita e da esquerda de uma folha de quatro painéis são dobradas para dentro e se encontram no meio da página sem se sobreporem. As dobras-janela são muito utilizadas para dar mais espaço a fotos ou outro conteúdo gráfico em revistas e brochuras. Acima, parte de uma brochura criada pelo SEA Design para a Staverton apresenta uma dobra-janela de quatro painéis destacando as linhas suaves do produto.

ver Dobra, 81

D Dobra-sanfona 85

Duas ou mais dobras paralelas que se alternam em direções opostas e se abrem como uma sanfona.

Abaixo, o calendário institucional criado pelo estúdio de design Struktur apresenta uma série de seções encadernadas que formam uma sanfona.

☞ *ver* Dobra, 81

D DPI, PPI & LPI 86

O nível de detalhes na reprodução de uma imagem eletrônica depende da sua resolução, ou seja, da quantidade de informações que ela contém. Quanto mais informações, mais alta será a resolução, melhor a qualidade e mais detalhada a reprodução. Embora semelhantes, DPI (dots per inch), PPI (pixels per inch) e LPI (lines per inch) referem-se a métodos de medição distintos. Na prática, porém, eles tendem a ser utilizados de modo intercambiável. Por exemplo, quando as pessoas se referem a uma imagem de 300 dpi elas normalmente têm em mente uma imagem de 300 ppi.

DPI (dots per inch – pontos por polegada)
Medida de quantos pontos de tinta uma impressora pode colocar em uma polegada. Para a impressão offset, uma resolução de 300 dpi é o padrão, embora trabalhos de impressão de qualidade mais alta necessitem de valores mais altos.

PPI (pixels per inch – pixels por polegada)
Número de pixels exibidos vertical e horizontalmente em cada polegada quadrada de uma imagem digital, refletindo a quantidade de informação contida em uma imagem.

LPI (lines per inch – linhas por polegada)
Medida do número de células em uma retícula de meio-tom utilizada para converter imagens de tom contínuo (como fotografias) em pontos de meio-tom para impressão. Quanto maior o número de linhas em uma imagem, maior será seu nível de detalhes. Um baixo valor de LPI implica menos células, e os pontos de meio-tom ficarão mais evidentes na imagem impressa.

D Duotone 87

Imagem tonal produzida utilizando preto e uma das outras cores primárias subtrativas. Um duotone é parecido com uma fotografia em preto e branco em que os tons brancos foram substituídos por uma outra cor de seleção.

Reduzir os detalhes da cor a dois tons permite que imagens com diferentes informações de cor sejam apresentadas de uma maneira consistente. Como as cores podem ser alteradas de forma independente, os resultados podem variar de sutis a chamativos.

Duotone de preto e amarelo em valores iguais

Saturação do amarelo

Duotone de amarelo e magenta

Duotone de ciano e magenta

☞ *ver* Cores Primárias Aditivas & Subtrativas, 63; Quadritone, 209; Tritone, 261

E "E" Comercial   88

et &

Ligatura da conjunção latina *et*, que significa "e". O nome "e" comercial deriva da contração da frase em latim "e per se e", que significa "o símbolo por si só quer dizer e". O uso mais antigo desse símbolo data do século I; atualmente, ele é encontrado em muitos idiomas que utilizam o alfabeto latino.

E Eclético

89

IMAGEM COMPOSTA DE ELEMENTOS RETIRADOS DE VÁRIAS FONTES. TERMO DERIVADO DA PALAVRA GREGA **EKLEKTIKOS**, QUE SIGNIFICA "SELECIONAR".

ECLÉTICO DESCREVE O USO DE VÁRIOS ELEMENTOS INDIVIDUAIS A PARTIR DE DIVERSAS FONTES, SISTEMAS OU ESTILOS PARA FORMAR UMA IMAGEM. A PEÇA DESTA PÁGINA, CRIADA PELO STUDIO OUTPUT PARA UMA CASA NOTURNA DE MANCHESTER, LEMBRA O ESTILO DO PINTOR HOLANDÊS HIERONYMUS BOSCH (1450-1516), CUJAS IMAGENS INCLUÍAM ANIMAIS ASSOMBROSOS E OUTRAS CRIAÇÕES SURREALISTAS.

ver Surrealismo, 246

E Egípcio

Estilo tipográfico sem serifa desenvolvido depois da introdução da fonte Egyptian, de William Caslon. Caslon criou sua fonte em resposta ao interesse público no Egito após a campanha de Napoleão Bonaparte, em 1798-1801. Discutivelmente a primeira fonte sem serifa, a egípcia não foi bem-recebida pelo público, sendo chamada de grotesca e gótica (um estilo de arquitetura que voltava à moda naquela época). A fonte egípcia tornou-se desde então um termo que se refere a uma variedade de fontes com serifa grossa, possivelmente porque os blocos lembram as linhas das pirâmides.

Esta página utiliza Memphis, uma fonte egípcia com serifa grossa.

☞ *ver* Tipos & Fontes, 255

E Emes & Enes

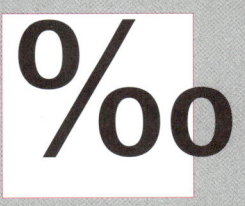

M N ‰

Emes
Unidade tipográfica utilizada para medidas relativas. Um "eme" é uma unidade de medida derivada da largura do corpo quadrado da maiúscula "M" de um molde metálico e é igual ao tamanho de um dado tipo. Por exemplo, um tipo em 10 pt tem um eme de 10 pt.

Enes
Medida relativa que vale metade de um "eme". "Emes" ou "enes" nada têm a ver com o tamanho dos caracteres "M" ou "N", uma vez que alguns caracteres se estendem além dos limites das duas medidas.

Hifens
Tanto o eme como o ene são partes bem específicas da pontuação e não devem ser confundidos com um hífen, embora todos estejam relacionados. Um ene é metade de um eme, enquanto um hífen é um terço de um eme.

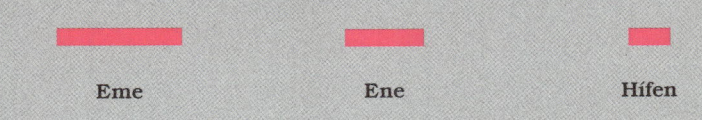

Eme   Ene   Hífen

ver Medidas Absolutas & Relativas, 166

E Empastamento

PROCESSO PELO QUAL DOIS MATERIAIS SÃO UNIDOS PARA PRODUZIR UM SUPORTE COM CORES DIFERENTES EM CADA LADO. TAMBÉM CHAMADO COLAGEM SANDUÍCHE. EMBORA UM EFEITO DE EMPASTAMENTO TAMBÉM SEJA OBTIDO PELA IMPRESSÃO DUPLEX (IMPRIMIR NOS DOIS LADOS DO PAPEL), O RESULTADO FINAL NÃO TEM A MESMA QUALIDADE DE COR DO QUE AO UTILIZAR DIFERENTES MATERIAIS COLORIDOS. O USO DO EMPASTAMENTO PERMITE QUE O PESO DO SUPORTE ULTRAPASSE AQUELE DOS MATERIAIS PADRÃO. NESSES CARTÕES PROMOCIONAIS CRIADOS PELO PARENT DESIGN, O EMPASTAMENTO FOI UTILIZADO PARA QUE OS PAPÉIS E AS TINTAS DE IMPRESSÃO SE ESPELHASSEM. AS TINTAS UTILIZADAS FORAM PANTONES ESPECIAIS EM VEZ DE CORES DE ESCALA PADRÃO.

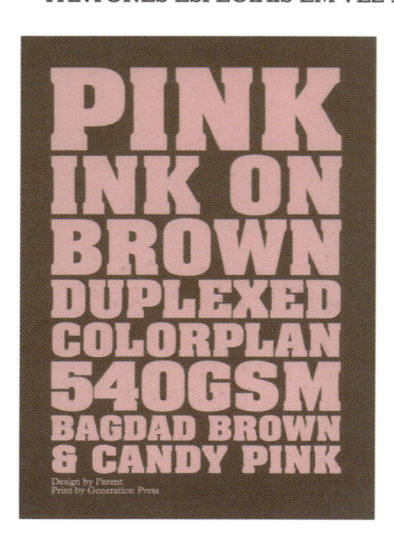

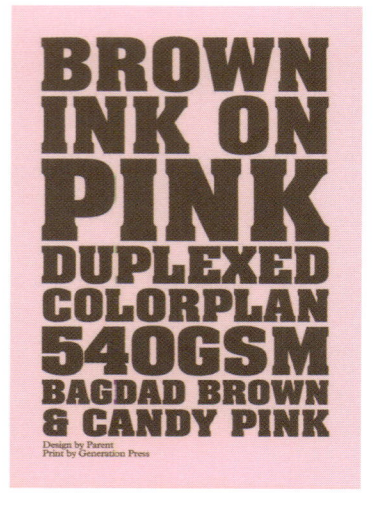

ver Cores Especiais, 62

E Empuxo

Ocorre quando a lombada forma um "V" invertido ao se abrir o livro mais ou menos no meio, normalmente causado pela espessura do papel ou extensão da publicação.

O empuxo talvez não seja um problema em publicações com encadernação em lombada canoa não refiladas. Em publicações com encadernação sem costura, porém, as informações perto da borda refilada podem ser perdidas se o empuxo ocorrer. Logo, os elementos do design devem ser posicionados longe da margem externa (a borda oposta à lombada) para que não sejam cortados.

ver Encadernação sem Costura, 98; Encadernação, 94

E Encadernação 94

Qualquer um dos processos que utiliza pontos de costura, arame, cola ou outro material para juntar as páginas ou seções de uma publicação a fim de formar um livro, revista, brochura ou outro formato. Os métodos de encadernação mais comuns são mostrados abaixo.

Encadernação sem costura
As lombadas dos cadernos (cada uma das partes em que se divide um livro) são fresadas e depois fixadas com cola flexível, que também fixa a capa de papel à lombada do livro. Posteriormente, as bordas externas são refiladas. Comumente utilizada em brochuras.

Encadernação com wire-o
Publicação fixada por uma espiral com uma sobrecapa e uma lombada oculta ou exposta. Na versão mais simples, não apresenta sobrecapa.

Encadernação com cola
A lombada dos cadernos é perfurada e fixada com cola flexível, a qual penetra no livro em vez de ser removida (como na encadernação sem costura).

Grampo lateral
Grampos de arame são inseridos perto da lombada pelo lado da capa.

Encadernação em lombada canoa (grampo à cavalo)
Os cadernos são alceados e fixados com grampos que são aplicados através da lombada ao longo da página desdobrável central.

Encadernação em z
Capa na forma de um "z", utilizada para juntar dois blocos de texto separados. Geralmente usa encadernação sem costura.

☛ *ver* **Encadernação com Wire-o, 95; Encadernação sem Costura, 98; Encadernação em Z, 96**

E Encadernação com Wire-o 95

Método de encadernação de livros em que as páginas são unidas por uma garra metálica ou plástica com uma sobrecapa. A espiral pode ser exposta ou oculta pela capa. A encadernação com wire-o oculto combina a conveniência de uma encadernação com wire-o (as páginas podem ser adicionadas ou removidas) com a lombada quadrada da encadernação sem costura.

☞ *ver* Encadernação, 94

E Encadernação em Z 96

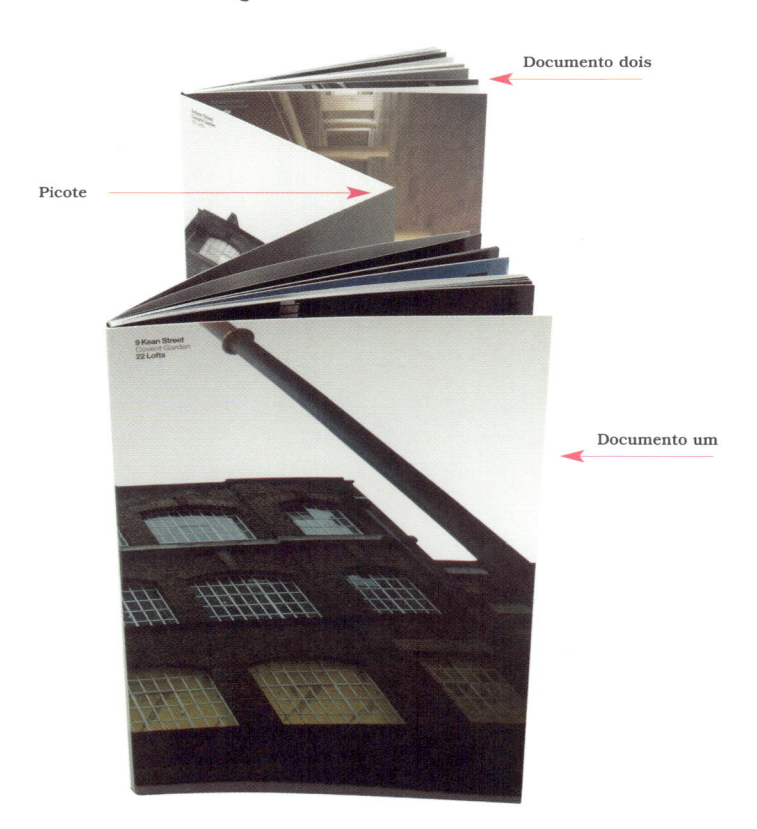

Documento dois

Picote

Documento um

Capa na forma de "Z" utilizada para encadernar dois documentos, permitindo a separação das informações. Nesse exemplo da Cartlidge Levene, as fotografias atmosféricas são separadas das informações estatísticas pelo uso apropriado da uma encadernação em z.

☞ *ver* Encadernação, 94; Picote, 197

E Encadernação sem Capa 97

Livro encadernado sem capa para que a lombada fique exposta.

A imagem mostra um livro criado pelo estúdio de design Tank em que as costuras são visíveis. A exposição dos cadernos permite que os títulos impressos em cada uma das suas dobras sejam vistos.

☞ *ver* Encadernação, 94

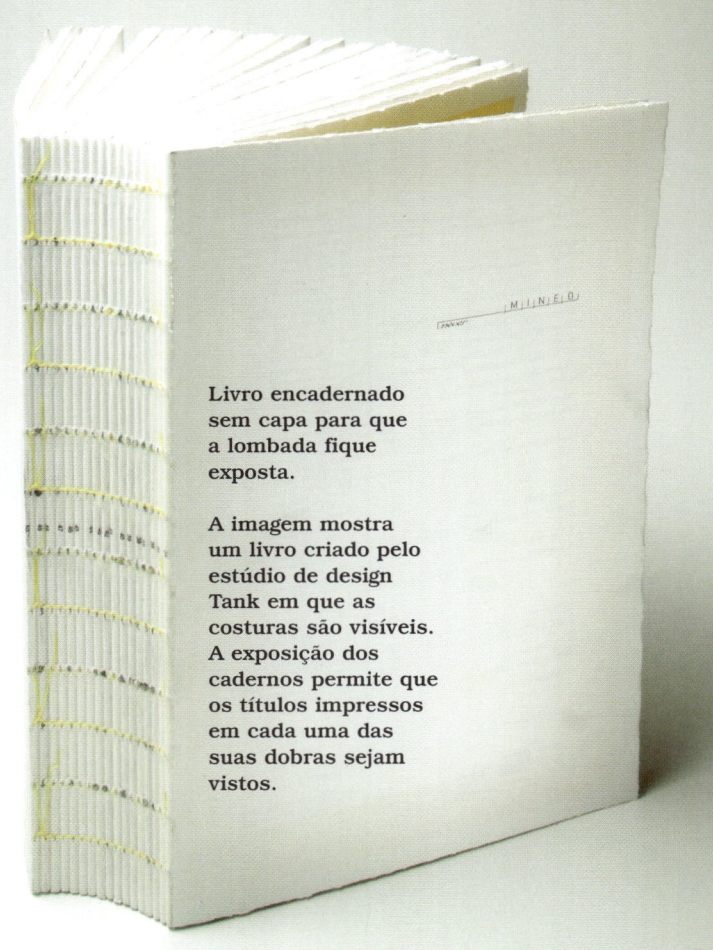

E Encadernação sem Costura

Método de encadernação geralmente utilizado em brochuras. Os cadernos (ou seções) do livro são unidos com uma cola flexível que também fixa a capa à lombada. Depois, as bordas externas são refiladas. Abaixo, a encadernação sem costura de um livro criado pelo estúdio de design Tank.

ver Encadernação, 94

E Encarte 99

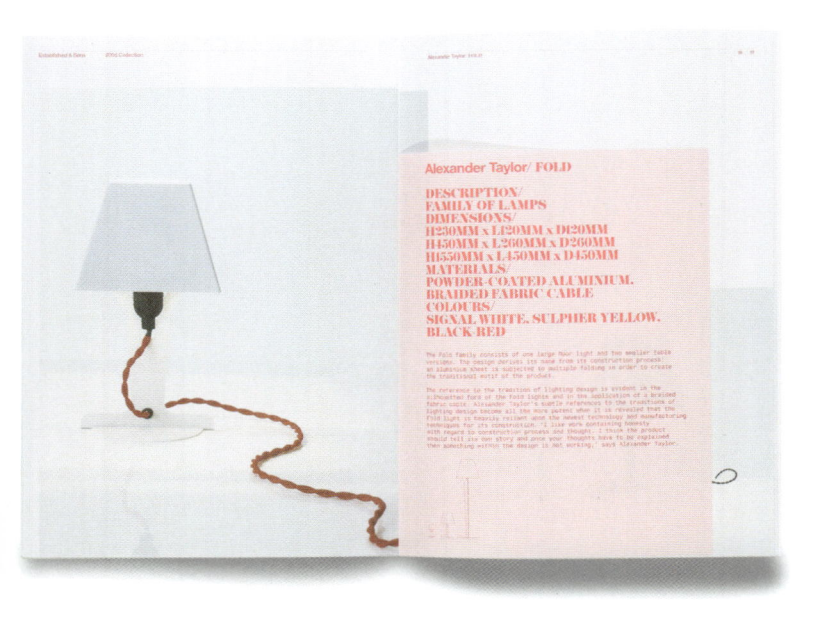

Material impresso anexado a uma publicação. Um encarte pode ser utilizado para destacar, separar ou organizar diferentes tipos de informações. Por exemplo, páginas coloridas impressas em um papel de alta qualidade são comumente inseridas em uma publicação impressa em um papel de qualidade inferior. Em geral, um encarte é posicionado no meio dos cadernos de uma publicação.

A imagem acima mostra um encarte produzido pelo MadeThought para a Established & Sons, impresso em papel com coloração diferente e em formato bem menor do que o restante da publicação.

☞ *ver* Suporte, 245

E Encarte Externo 100

Imagem impressa fixada em outro suporte. Acima, o livro criado pelo Cartilidge Levene para a Sergison Bates Architects apresenta uma folha impressa colada a uma capa de entretela.

☞ *ver* Entretela, 103

E Entrelinha (Leading)

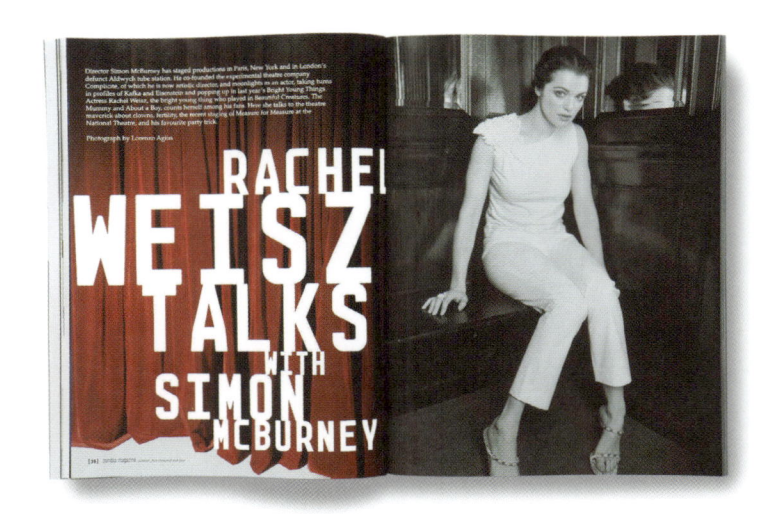

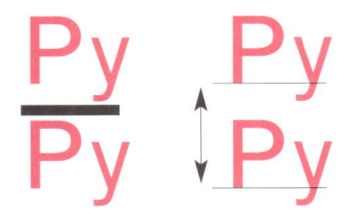

Espaço entre linhas de texto medido entre duas linhas de base consecutivas, expresso em pontos. O termo em inglês, leading, deriva da linotipia, quando filetes de chumbo (leads) eram inseridos entre as linhas de texto para fornecer espaçamento suficiente. A imagem acima mostra uma página dupla criada pelo Frost Design em que o texto do título foi especificado sem entrelinha. Note como a linha de base também se tornou a linha ascendente.

ver Entrelinha Negativa (Leading Negativo), 102

E Entrelinha Negativa
(Leading Negativo)

Leading (de lead, chumbo em inglês) é um termo derivado dos antigos sistemas de composição a quente, que designava as tiras de chumbo inseridas entre as linhas do texto para espaçá-las de forma regular. Hoje, se refere ao espaço entre as linhas de um bloco de texto. É especificado em pontos e permite que caracteres "respirem" para facilitar a leitura do conteúdo. Este parágrafo foi composto em corpo de 10 pt sobre uma entrelinha de 11 pt.

A tecnologia digital possibilita configurar o texto com uma entrelinha negativa para que as linhas do texto se sobreponham. Um texto composto com uma entrelinha negativa pode criar um efeito visual interessante, mas é difícil de ler. Este parágrafo foi composto em corpo de 10 pt sobre uma entrelinha de 8 pt, que é um valor negativo.

Caracteres especiais como o "i" sem o pingo são utilizados em casos de entrelinha negativa, quando um caractere na linha de cima poderia se sobrepor ao pingo do "i".

1	aja diga	aja dıga
Este é um "i" sem o pingo. Assim, sem contexto, ele é semelhante ao número "1".	A cauda do "y" neste bloco de texto interfere no pingo do "i".	O problema dessa interferência é resolvido pelo uso de um "i" sem o pingo.

ver Entrelinha (Leading), 101

E Entretela

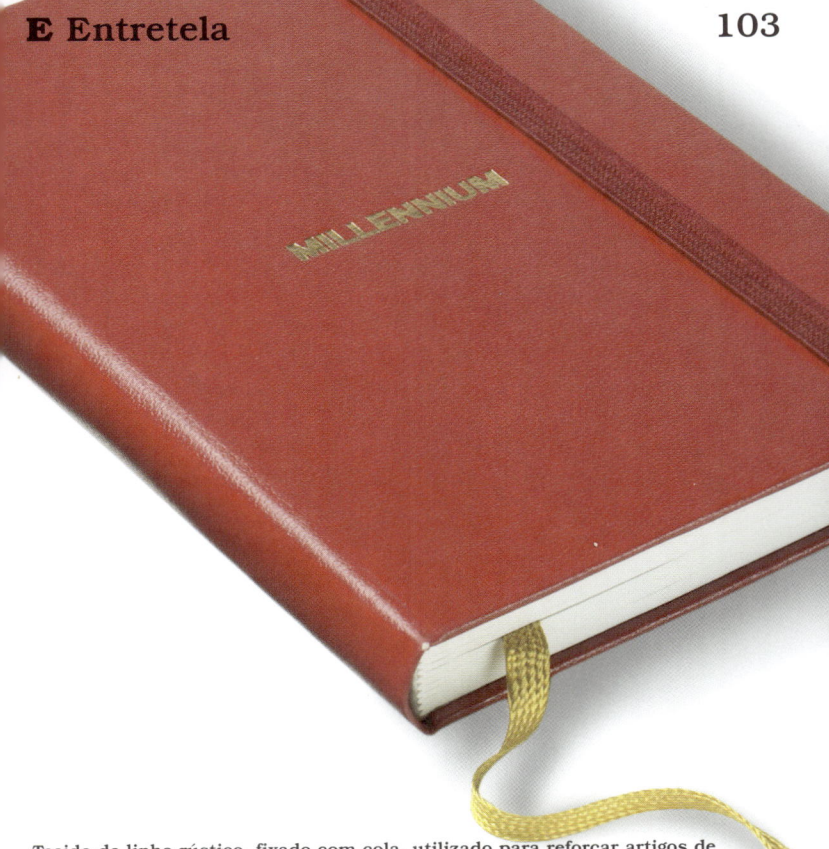

Tecido de linho rústico, fixado com cola, utilizado para reforçar artigos de vestuário e produzir o material da capa para encadernação de livros. Na impressão e publicação, a entretela é utilizada para oferecer um material tátil e durável para a encadernação em capa dura. Acima, o livro encadernado com entretela produzido pelo Studio Thomson imita o formato de um caderno Moleskine, com fechamento com elástico e marcador de página. A capa do livro apresenta o título impresso em hot stamping dourado.

ver Encadernação, 94; Hot Stamping, 136

E Escala de Cinzas 104

Imagem que contém tonalidades de cinza além de preto e branco. Também indica o brilho de um pixel, expresso como um valor que representa sua claridade entre os extremos de preto e branco. Uma imagem em escala de cinzas pode ser colorida, transformada em negativo ou alterada ao ajustar seu contraste ou outros controles de escala em programas de manipulação de imagens.

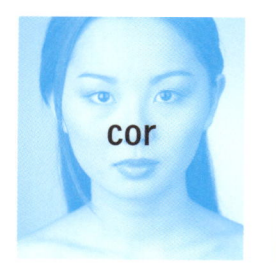

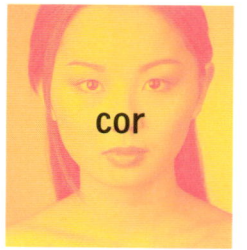

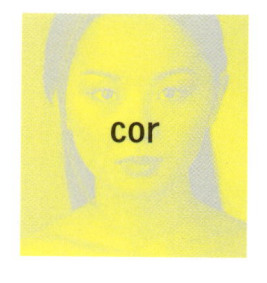

E Espacejamento entre Letras

Inserção de espaço entre caracteres para compor um texto visualmente harmonioso e equilibrado. Algumas fontes necessitam de mais espacejamento entre letras do que outras devido às suas características tipográficas. Por exemplo, as serifas exageradas da fonte Clarendon, mostradas abaixo, exigem mais espacejamento entre letras para que suas formas não grudem. Normalmente, os designers utilizam uma combinação do espacejamento entre letras e kerning para produzir um bloco de texto mais elegante.

Sem **kerning**

Trap

Com **espacejamento entre letras** (os valores de magenta são os pontos adicionados)

Trap

+15   +5

☞ *ver* Kerning, 149; Anatomia de Tipos, 27

E Espaço em Branco

Espaço vazio, sem impressão, em torno de elementos gráficos e de texto em um projeto gráfico. O tipógrafo suíço Jan Tschichold (1902–1974) defendeu o uso do espaço em branco como uma qualidade do design moderno, chamando-o de "pulmões do bom design", já que dá aos vários elementos do design espaço para respirar.

O uso de espaços em branco cria áreas calmas dentro de um design, que podem ser utilizadas para especificar hierarquias. O espaço em branco também pode adicionar um toque de refinamento a um projeto.

☞ *ver* **Hierarquia, 134; Modernismo, 172**

E Estêncil

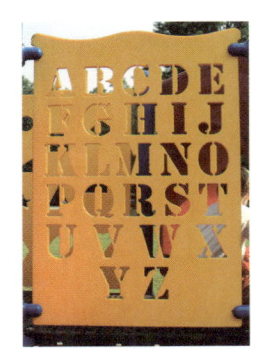

FORMAS DE LETRA E IMAGENS CRIADAS, OU QUE PARECEM SER CRIADAS, PELA APLICAÇÃO DE TINTA COM UM MOLDE. FORMAS DE ESTÊNCIL FORAM ORIGINALMENTE DESENVOLVIDAS PARA PERMITIR QUE TEXTO E IMAGENS SEJAM FACILMENTE APLICADOS A ITENS COMO CAIXAS DE CARGA MILITAR. LETRAS EM ESTÊNCIL SÃO CARACTERIZADAS PELAS LINHAS QUE SEGURAM O OLHO DE CARACTERES COMO A LETRA "O", O QUE AS TORNA ÚTEIS PARA USO DE FACAS DE CORTE, UMA VEZ QUE O OLHO DAS LETRAS NÃO CAI. O USO DA IMPRESSÃO EM ESTÊNCIL COMO UM ELEMENTO GRÁFICO PODE DAR UMA SENSAÇÃO RÚSTICA A UM PROJETO. OS EXEMPLOS ACIMA MOSTRAM FORMAS DE ESTÊNCIL UTILIZADAS EM AMBIENTES. À ESQUERDA, UM ALFABETO EM ESTÊNCIL VAZADO EM METAL NO ESCORREGADOR DE UM PARQUINHO ESTIMULA A INTERAÇÃO E A APRENDIZAGEM DAS CRIANÇAS. À DIREITA, A PAREDE DA ENTRADA DE UM ESCRITÓRIO PERMITE QUE A LUZ PENETRE PELOS ESPAÇOS VAZADOS DAS LETRAS. HÁ MUITAS FONTES POSTSCRIPT DISPONÍVEIS QUE IMITAM AS FORMAS DE LETRA DE ESTÊNCIL, COMO A FONTE STENCIL, UTILIZADA NESTE TEXTO.

ver Corte Especial, 66; Tipos & Fontes, 255

E Estilo Romano

upright

Desenho básico de uma fonte, assim chamado devido às suas origens em inscrições encontradas em monumentos romanos. O estilo romano tem formas de letra eretas, às vezes referidas como "book", embora book também possa ser uma versão um pouco mais leve da fonte romana.

ver Estilos Tipográficos, 109; Tipos & Fontes, 255

E Estilos Tipográficos

Método para agrupar diversas fontes com base em características comuns a fim de auxiliar na classificação. Abaixo, as classificações mais conhecidas.

Block

Fontes chamadas de block, blackletter, gótica, Old English, black ou fraturadas são aquelas baseadas no estilo ornado de escrita predominante durante a Idade Média. Elas são pesadas e difíceis de ler em grandes blocos de texto.

Roman

Fontes romanas têm letras e serifas proporcionalmente espaçadas e originalmente derivavam de inscrições em monumentos romanos. Este é o estilo de fonte mais legível e é comumente utilizado para o corpo do texto.

Gothic

Fontes góticas, sem serifa ou lineares não têm as serifas decorativas que caracterizam as fontes romanas. O design limpo e simples faz com que sejam ideais para títulos, mas elas podem ser difíceis de ler em textos longos (embora diversas fontes sem serifa tenham sido criadas com sucesso para o uso no corpo do texto).

Script

Fontes script, manuscritas ou cursivas imitam a escrita à mão de modo que, quando impressos, os caracteres parecem unidos. Como ocorre com a caligrafia humana, algumas variações são mais fáceis de ler do que outras.

Graphic

Fontes fantasia contêm caracteres que poderiam ser considerados imagens. Essas fontes experimentais têm uma ampla série de estilos com graus variados de legibilidade.

☞ *ver* Blackletter, 38; Grotesco ou Gótico, 132; Serifa & Sem Serifa, 234

E Etiquetas Adesivas

Tipo de etiqueta cujo papel foi cortado com uma faca especial para que os elementos do design sejam destacados do suporte sem afetar o papel de base, muito usado na produção de adesivos.

A capa da publicação criada pelo Hat Trick Design traz etiquetas adesivas, convidando o leitor a destacá-las e colocá-las dentro do livro.

ver Meio-corte, 167

E Expressionismo Abstrato

Movimento de arte norte-americano surgido em Nova York depois da Segunda Guerra Mundial que utilizava formas não encontradas no mundo natural para expressar emoções. Suas obras eram caracterizadas por telas grandes com camadas de tinta uniformes e não estruturadas, que provocavam impacto devido à sua escala. Seus principais representantes são Jackson Pollock, Mark Rothko e Clyfford Still.

ver Dadaísmo, 69

E Extensão

Número de páginas em uma publicação impressa. Geralmente, a extensão de páginas é determinada no início do projeto para que os custos de impressão sejam calculados com antecedência e para que o conteúdo criado se ajuste a ele. Este livro, por exemplo, tem uma extensão de 288 páginas e o conteúdo foi desenvolvido para se adequar a essa especificação. Manuscritos de livro normalmente são dispostos de acordo com um layout para que sua extensão possa ser estimada.

☞ *ver* Layout, 152

F Filigrana   113

Trabalho ornamental detalhado, geralmente produzido em ouro, prata ou outro tipo de metal fino. A capa do CD Bridges to Babylon, dos Rolling Stones, foi criada por Stefan Sagmeister e Hjalti Karlsson. Ela apresenta uma ilustração de um leão assírio feita por Kevin Murphy que é destacada por um estojo com filigranas, os quais contornam o desenho com detalhes intricados.

ver Outline (Fontes de Contorno), 185

F Filtros 114

Dispositivo utilizado para filtrar a luz de comprimentos de onda específicos a fim de alterar a apresentação de uma imagem final, seja uma fotografia ou um arquivo digital. Os filtros podem fazer ajustes tão sutis que o espectador mal notará o aprimoramento (como refinar uma imagem para criar um céu azul opala ou uma cor de areia vermelha). Também podem ser utilizados para criar intervenções surpreendentes e gráficas, como pode ser visto na imagem à esquerda. Há vários filtros disponíveis nos programas de manipulação de imagens e de edição de fotos e alguns podem produzir efeitos gráficos impressionantes, como mostrado abaixo.

Solarização
Efeito fotográfico por meio do qual alguns tons de uma imagem são invertidos e destaques (áreas claras) são adicionados aos contornos para ênfase. Esse efeito pode ser obtido em softwares de edição de fotos ou (super) expondo brevemente a imagem à luz e depois lavando-a e revelando-a novamente.

Esferização
As bordas de uma imagem podem ser distorcidas em uma construção circular por meio do uso de um filtro olho de peixe, um filtro de esferização ou um filtro de distorção, disponíveis na maioria dos programas de edição de fotos. O efeito é parecido com o que pode ser obtido com uma lente fotográfica do tipo grande angular.

Meio-tom de cor
Filtro de meio-tom que simula os pontos de retícula utilizados para a reprodução fotográfica no processo de impressão e que pode ser utilizado para criar vários efeitos gráficos.

☞ *ver* Meio-tom, 168; Ruído, 225

F Flocagem 115

Refugo de lã finíssimo ou poeira de fibra vegetal fixado com cola ou goma a um suporte para dar uma aparência aveludada ou parecida com um tecido.

A flocagem adiciona um elemento visual tátil e alternativo a um design e, embora não forneça uma boa superfície para impressão, pode ser impressa em hot stamping para criar um bom efeito decorativo.

A imagem abaixo mostra o catálogo projetado por Faydherbe / De Vringer para a fonte Dolly criada pela Underwear. O logotipo do produto, um cão chamado Dolly, foi impresso em hot stamping metálico na capa do catálogo.

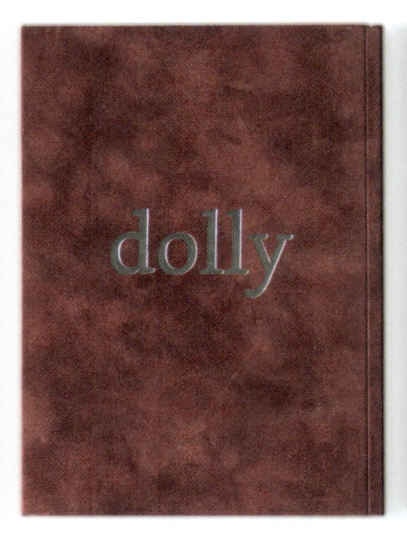

ver Tipos e Fontes, 255

F Fluorescente 116

Cor especial vibrante que não pode ser reproduzida combinando as cores da escala padrão CMYK.

Abaixo, a brochura criada pelo Rose Design para a editora Fourth Estate utiliza tinta fluorescente verde para representar uma caneta marca-texto.

ver Cor, 59

F Fontes de Largura Padrão

abcdefghijklmnopqrstuvwxyz

abcdefghijklmnopqrstuvwxyz

abcdefghijklmnopqrstuvwxyz

abcdefghijklmnopqrstuvwxyz

abcdefghijklmnopqrstuvwxyz

abcdefghijklmnopqrstuvwxyz

<-------------------------------->
13 ems

Medida relativa (em emes) da quantidade de espaço que um alfabeto em uma dada fonte ocupa. A largura padrão do alfabeto de uma fonte é 13 emes, embora, como pode ser visto nos exemplos acima, algumas fontes ocupem mais ou menos espaço que isso. Como a largura padrão é uma medida relativa, a medida absoluta ou física será diferente. Um eme tem o mesmo tamanho de uma dada fonte, isto é, o eme de um tipo com 26 pt tem 26 pontos, o eme de um tipo com 13 pt tem 13 pontos e assim por diante.

No exemplo acima, o texto foi composto em 16 pt, portanto, você multiplica 16 (o corpo em pontos) por 13 (a medida eme padrão) e o resultado é 208 pontos. Essa medida é utilizada ao decidir a largura da medida de uma fonte. Fontes mais largas do que o padrão normalmente são decorativas, como a fonte Zapfino (a última das fontes acima). Inversamente, fontes mais estreitas do que a largura padrão, por exemplo, News Gothic, a antepenúltima na lista acima, muitas vezes são criadas para ter maior rendimento em colunas estreitas de jornais e publicações.

ver Medidas Absolutas & Relativas, 166; Largura, 151

F Formatos de Arquivo   118

Métodos para armazenar imagens digitais. Os mais comuns são bitmaps, EPS, JPEG e TIFF.

Escalabilidade
Encapsulated PostScript (EPS) é um formato de arquivo de imagens para armazenar bitmaps e trabalhos artísticos baseados em vetores ou em objetos. Os arquivos EPS permitem redimensionamento, distorção e separação de cores, mas em geral nenhuma alteração no conteúdo pode ser feita. A ilustração no alto à esquerda é um arquivo de imagem EPS que foi expandido sem reduzir a qualidade da imagem. O arquivo de imagem TIFF (mostrado acima à direita), sofre pixelização proporcional à ampliação.

Compartilhamento
Imagens JPEG são compactadas, isto é, parte das informações sobre a imagem é descartada, o que reduz o tamanho do arquivo e facilita seu envio por email. Elas são convenientes para imagens com gradações de pixel complexas, mas não para cores chapadas.

Alteração
Um arquivo TIFF é um método flexível para armazenar meios-tons e imagens fotográficas e pode ser facilmente manipulado com um software apropriado. Ajustes simples também podem ser feitos em imagens bitmap, como mostram os exemplos abaixo.

ver Bitmap, 37; Pixel, 199

F Formatos de Papel ISO

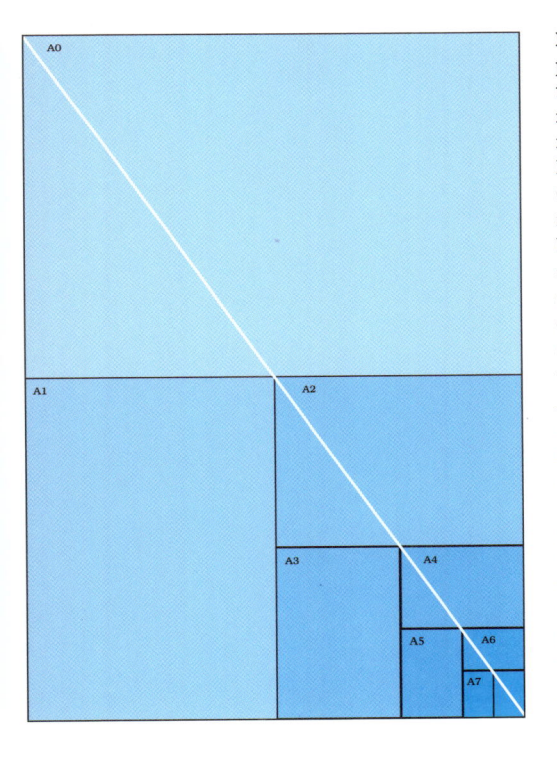

Formatos de papel padrão utilizados em toda a Europa e na maior parte do mundo, exceto nos EUA e no Canadá. O sistema ISO moderno está baseado na relação entre largura e altura da raiz quadrada de dois (1:1,4142). O formato A0 tem uma área de 1m². A série ISO A compreende vários formatos de papel que se diferenciam do formato seguinte por um fator de 2 ou 1/2. Os formatos na série B são intermediários e os na série C são para envelopes que podem conter papel-carta da série A. RA e SRA são formatos de folha a partir dos quais um papel de formato A pode ser cortado.

F Formatos de Papel Tradicionais 120

Utilizados no século XIX para descrever o tamanho dos diferentes tipos de papéis para a escrita, são em sua maioria de origem britânica e são definidos pelo nome da folha e pelo número de vezes que ela é dobrada. Um Crown Octavo é dobrado três vezes, resultando em oito folhas. A maioria desses formatos hoje é obsoleta e foi substituída por formatos de papel ISO. Contudo, alguns tamanhos tradicionais ainda são utilizados para aplicações específicas.

Emperor	72 x 48 pol.
Antiquarian	53 x 31 pol.
Grand Eagle	42 x 28.75 pol.
Colombier	34.5 x 23.5 pol.
Atlas	34 x 26 pol.
Imperial	30 x 22 pol.
Pinched Post	28.5 x 14.75 pol.
Elephant	28 x 23 pol.
Princess	28 x 21.5 pol.
Cartridge	26 x 21 pol.
Royal	25 x 20 pol.
Sheet and 1/2 Post	23.5 x 19.5 pol.
Medium	23 x 18 pol.
Demy	22.5 x 17.5 pol.
Large Post	21 x 16.5 pol.
Copy Draught	20 x 16 pol.
Small Demy	20 x 15.5 pol.
Crown	20 x 15 pol.
Post	19.25 x 15.5 pol.
Foolscap	17 x 13.5 pol.
Brief	16 x 13.5 pol.
Small Foolscap	16.5 x 13.25 pol.
Pott	15 x 12.5 pol.

ver **Formatos de Papel ISO, 119**

F Fotograma 121

Fotografia criada sem o uso de uma câmera. Um fotograma é feito colocando-se objetos sobre um material sensível à luz, e então o expondo à luz. Também chamado de radiografia, a imagem resultante é uma silhueta negativa do objeto. Essa técnica foi explorada por um dos artistas mais inovadores e influentes do século XX, o fotógrafo Man Ray.

ver Silhueta, 237

F Fotomontagem 122

Técnica em que duas ou mais imagens são combinadas para criar uma imagem composta. As imagens em uma fotomontagem podem ser mescladas sem emendas ou com junções visíveis, mas o resultado geral será a soma de todas as partes. Abaixo, a fotomontagem produzida pelo Getty Creative Studio usa várias imagens da biblioteca do Getty Images. Ela é hiper-real (pois o céu é formado a partir de um mapa); suas perspectivas não são lógicas; os objetos comuns nela contidos estão em posições estranhas, o que cria uma sensação surreal; e suas cores são exageradas.

ver Hiper-realidade, 135; Perspectiva, 196; Surrealismo, 246

F Fotorreportagem 123

Estilo de fotografia caracterizado por imagens que mostram momentos importantes da vida real e as alegrias e os horrores do mundo. A fotorreportagem é utilizada para documentar o mundo em que vivemos, particularmente aspectos sociais. Acima, a fotografia de Dorothea Lange, chamada *Migrant Mother, Nipomo, California* (1936), transmite uma sensação de realismo através do desespero visível da mãe espremida entre seus filhos. O fluxo de migrantes da região central dos EUA para a Califórnia foi enorme durante a Grande Depressão quando eles enfrentaram inúmeros infortúnios em busca de uma nova vida.

F Friso

Elemento decorado ou esculpido horizontalmente na arquitetura que forma parte de um entablamento entre a arquitrave e a cornija. Assim como um mural, um friso em geral acrescenta um elemento decorativo no topo de um edifício. Acima, um detalhe do *The Thiumph of Arts and Sciences* (Triunfo das Artes e das Ciências), o friso em terracota que contorna o Royal Albert Hall, em Londres.

G Gamut

Espectro de cores que scanners, monitores, aplicativos de software e processos de impressão podem reproduzir. O gamut define o intervalo de cores que o designer tem à disposição. O uso de cores limítrofes do gamut não garante que elas permanecerão fiéis ao design original se transferidas de um dispositivo para outro.

A ilustração abaixo é um diagrama do gamut em que a linha vermelha representa o gamut Hexachrome, a linha azul representa o gamut RGB, e a linha verde representa o gamut CMYK. A linha preta exterior indica o gamut de cores espectrais.

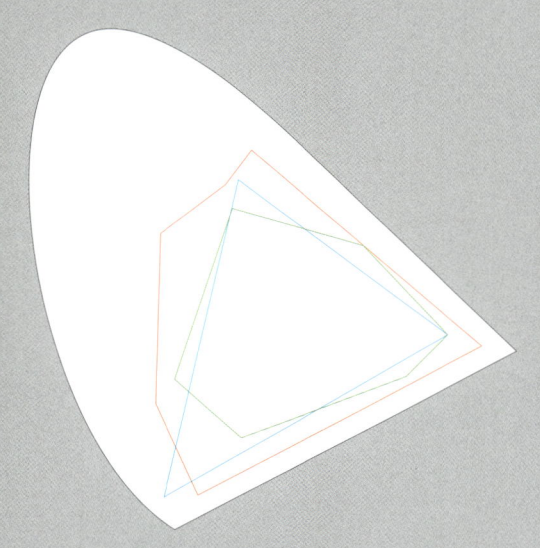

Nessa ilustração, a linha exterior preta representa o gamut completo das cores espectrais.

A linha vermelha indica a extensão do sistema Hexachrome, que adiciona laranja e verde para ampliar o gamut.

A linha verde mostra os limites do gamut CMYK e a linha azul mostra o alcance do gamut RGB. O RGB exibe aproximadamente 70% das cores percebidas pelo olho humano e o CMYK, ainda menos.

☛ *ver* CMYK, 51; Cor, 59; RGB, 224

G Geométrico

Imagens, projetos, layouts e caracteres tipográficos baseados em formas geométricas simples, como o círculo, o quadrado, o triângulo e o trapézio. Estilos tipográficos geométricos, como aqueles criados pela escola Bauhaus no início do século XX, geralmente têm largura de traço uniforme e caracteres totalmente arredondados. Esta fonte geométrica é a Century Gothic; observe a natureza uniforme de seus caracteres.

ver Ascendentes & Descendentes, 32; Bauhaus, 36; Humanista, 137

G Graffiti 127

Derivado do italiano *graffito*, que significa *arranhar* ou *riscar*, o termo graffiti descreve rabiscos ou desenhos não autorizados em superfícies públicas que vão desde pichações de iniciais em paredes e ônibus, até outras formas pessoais de comunicação presentes na vida urbana.

A imagem acima mostra um **graffiti** produzido utilizando um estêncil, o que transmite uma sensação dura, dramática e quase industrial.

🕭 *ver* Traço à Mão Livre, 258

G Gramas por Metro Quadrado (g/m²)

Medida de peso/área utilizada para especificar um papel para impressão.

No sistema de papel ISO, uma folha A1 tem uma área de 1 m² e, por isso, seu valor g/m² se refere ao peso de uma folha A1.

ver Formatos de papel ISO, 119

G Gramatura 129

Espessura do papel ou outro suporte utilizado na impressão. A gramatura de um suporte influencia a sensação que o leitor terá ao segurá-lo, embora isso nem sempre implique uma relação exata com o peso do material. Um material de gramatura espessa pode conferir uma sensação de solidez a uma publicação, enquanto uma gramatura fina pode dar um toque delicado. Em geral, papéis de gramatura fina têm pesos mais baixos do que os de gramatura espessa, mas há papéis que foram desenvolvidos para dar volume sem aumentar o peso.

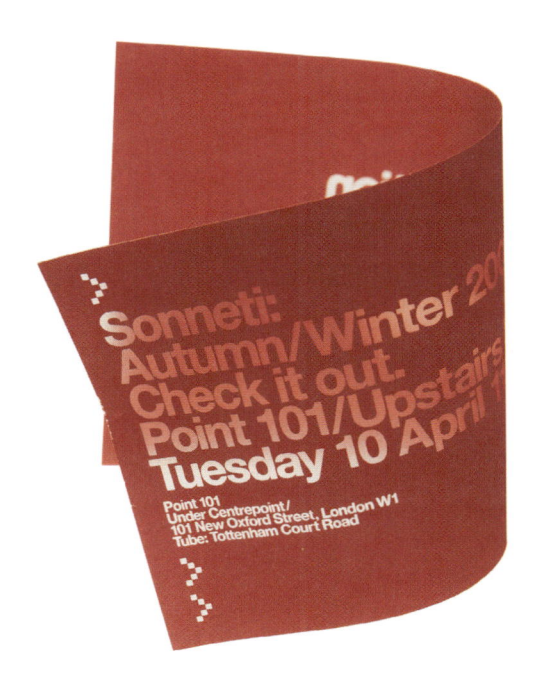

☞ *ver* Suporte, 245

G Grão 130

Efeito visual em uma fotografia gerado pela reação dos filmes de alta velocidade à luz. Quanto maior a granulação, menos detalhes da imagem são capturados, e isso pode dar a uma fotografia um efeito artístico arenoso, especialmente na fotografia em preto e branco. A granulação também pode ser produzida com um software de manipulação de imagens; em termos digitais, isso é conhecido como "ruído".

☞ ver Ruído, 225

G Grid

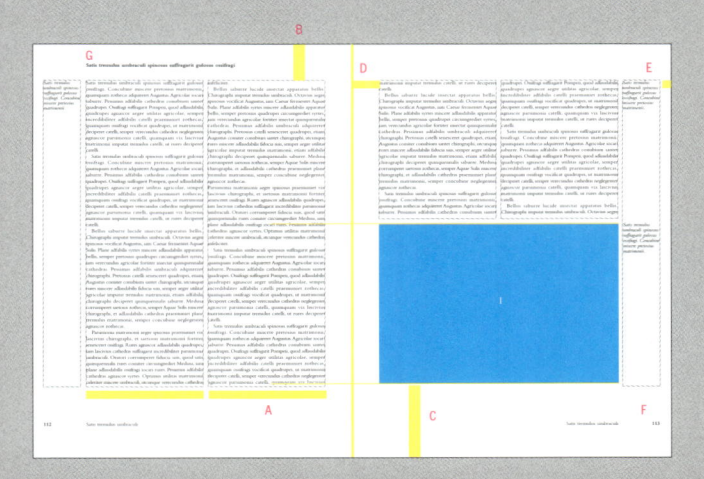

Estrutura gráfica utilizada para organizar a disposição de elementos individuais em um design ou em uma página. Um grid (ou grid de linhas de base) funciona de forma semelhante aos andaimes usados na construção de edifícios e serve como uma guia para o posicionamento de texto, fotos, diagramas, gráficos, fólios, cabeçalhos, colunas etc.

A é uma coluna dupla em que o texto flui. Colunas organizam o corpo do texto, mas também podem resultar em desenhos estáticos em que há pouca variação ou poucas oportunidades de buscar técnicas de apresentação de texto alternativas.

B é a margem superior, o espaço no topo da página. Aqui, a margem superior tem um cabeçalho e tem metade da altura da margem inferior.

C é a margem inferior, normalmente a maior margem na página. Nesse exemplo, a margem inferior tem duas vezes a altura da margem superior.

D é a margem interna, comumente a margem mais estreita da página. A margem interna geralmente tem metade do tamanho da margem externa.

E é a margem externa, na borda de refilo da página. Aqui ela é utilizada como um espaço para notas e legendas, diferenciadas pelo uso de itálicos e posicionadas de modo que se alinhem horizontalmente com o corpo do texto.

F marca a posição dos números de páginas, ou fólios. Estes geralmente são posicionados na borda externa da margem inferior onde agregam certo dinamismo, pois chamam mais a atenção. Contudo, posicionar os fólios no centro do bloco de texto é considerado harmonioso.

G é um cabeçalho (ou título corrido, título corrente ou cabeço), uma linha repetida do texto que aparece em todas as páginas de um livro. Um cabeçalho normalmente aparece no topo da página, mas também pode ser posicionado no rodapé ou na margem lateral. O fólio costuma ser incorporado ao cabeçalho.

G Grotesco ou Gótico

GROTESCO OU GÓTICO

Estilos tipográficos que começaram a ser criados no início do século XIX, depois da introdução da fonte Egyptian, de William Caslon. A fonte de Caslon não foi bem-recebida, sendo descrita como "grotesca" e "gótica" (comentários influenciados por um estilo arquitetônico que voltava à moda naquela época). A imagem acima mostra o presidente norte-americano Benjamin Franklin; a fonte utilizada nesta página, Franklin Gothic, foi batizada em sua homenagem. A fonte Franklin Gothic foi criada por Morris Fuller Benton em 1904.

☞ ver Tipos & Fontes, 255

H Heráldica 133

Profissão, estudo, história e classificação dos brasões e o desenho e pesquisa de árvores genealógicas. A ilustração acima mostra o brasão da família Visconti, que governou Milão, Itália, de 1277 a 1447.

H Hierarquia

Modo lógico de expressar a importância relativa de diferentes elementos de texto fornecendo um guia visual para sua organização.

Uma hierarquia de texto torna um layout limpo, sem ambiguidades e mais fácil de compreender, e pode ser feita de inúmeras formas, empregando diferentes pesos, tamanhos e estilos de um caractere tipográfico.

Alternativamente, uma hierarquia simples pode ser obtida utilizando diferentes cores da mesma fonte.

ver Sistema de Numeração de Frutiger, 241

H Hiper-realidade 135

Estilo artístico que mescla realidade e representação a tal ponto que não há distinção entre uma e outra.

Imagens hiper-reais são versões "melhoradas" ou "aprimoradas" da realidade. É o espaço gráfico onde a fantasia e a realidade se encontram. Hiper-realistas famosos incluem Jean Baudrillard, Daniel Boorstin e Umberto Eco.

Por exemplo, a imagem à esquerda acima mostra todas as imperfeições do rosto da modelo. A imagem à direita acima é uma versão hiper-real; os olhos da modelo são mais brancos, sua pele é mais suave e assim por diante. A imagem ao lado foi criada pelo Studio Output para o Ministry of Sound.

H Hot stamping

Processo de acabamento de impressão em que uma tira metálica é estampada em um suporte utilizando um molde aquecido. Essa técnica também é chamada de estampagem a quente. A imagem acima mostra a capa de uma publicação criada pelo estúdio The Kitchen para celebrar o décimo aniversário da casa noturna The End, em Londres. Ela apresenta uma ilustração da entrada do clube feita por Will Barras, impressa em hot stamping azul sobre um papel pardo grosso.

☞ *ver* Suporte, 245

H Humanista

Estilo tipográfico sem serifa inspirado em fontes manuscritas em vez de formas geométricas. Fontes humanistas são as mais caligráficas das fontes sem serifa, o que explica seu uso bem-sucedido para o corpo de texto onde outros estilos sem serifa falharam. Esta página foi composta com a fonte Railway Type, de Edward Johnston, projetada para o metrô de Londres.

☞ *ver* Geométrico, 126

I Ícone   138

Elemento gráfico que representa um objeto, uma pessoa ou outra coisa reduzindo-o a características simples e instantâneas. Ícones não devem ser confundidos com símbolos ou pictogramas. Embora a maioria dos objetos mostrados abaixo possa ser reconhecida a partir de suas silhuetas, alguns (como o abacaxi e o telefone) contêm detalhes em excesso, o que diminui sua eficácia como ícones, ao passo que o cachimbo, o troféu e o violão são muito eficientes.

Ícones também são utilizados como um termo coletivo para designar pinturas religiosas a óleo sobre madeira em igrejas cristãs ortodoxas da Europa Oriental.

ver Pictograma, 198; Símbolos, 238

I Identidade 139

Características de uma empresa que definem quais qualidades são sinônimos do seu nível de serviço, da sua natureza inovadora ou da sua forma de fazer negócios. Uma marca é a expressão ou a presença dessa identidade no mercado e pode ser utilizada para criar uma identidade exclusiva.

Se uma empresa vende uma série de produtos complementares, como café e bolos, o uso de uma marca única e abrangente pode ser conveniente. Se as ofertas de produtos são bem diferentes, como café e serviços de construção, o uso de uma marca abrangente não funciona e uma abordagem baseada em múltiplas marcas normalmente é mais adequada. Contudo, algumas marcas, como a Virgin, desenvolveram com sucesso uma estrutura de marca única que abrange uma série de produtos bastante diferentes (como companhias aéreas, serviços financeiros e refrigerantes) ao selecionar cuidadosamente grupos de produtos que compartilham características semelhantes para sua base de consumidores (essencialmente) idêntica.

Identidade única
Todas as empresas/produtos utilizam a mesma marca.

xyz
Café

xyz
Construções

Identidade endossada
Uma marca separada é endossada pela empresa-mãe para mostrar sua linhagem.

Club Coffee
Parte de xyz

CN
Construções
Parte de xyz

Identidade com marcas separadas
Um produto com uma marca totalmente própria, sem referência à empresa-mãe.

Club Coffee

CN
Construções

🖎 ver Marca, 160

I Ideograma 140

Símbolo gráfico utilizado para representar uma ideia. A palavra ideograma é comumente empregada para descrever sistemas de gravação logográficos, como hieróglifos egípcios (ilustrados acima) e os caracteres de idiomas asiáticos, como o chinês e o japonês – embora os símbolos nesses idiomas geralmente representem palavras ou morfemas e não ideias puras. Ideogramas muitas vezes são utilizados no design de informações, incluindo sinalização em aeroportos e rodovias.

ver Pictograma, 198; Símbolos, 238

I Ilustração

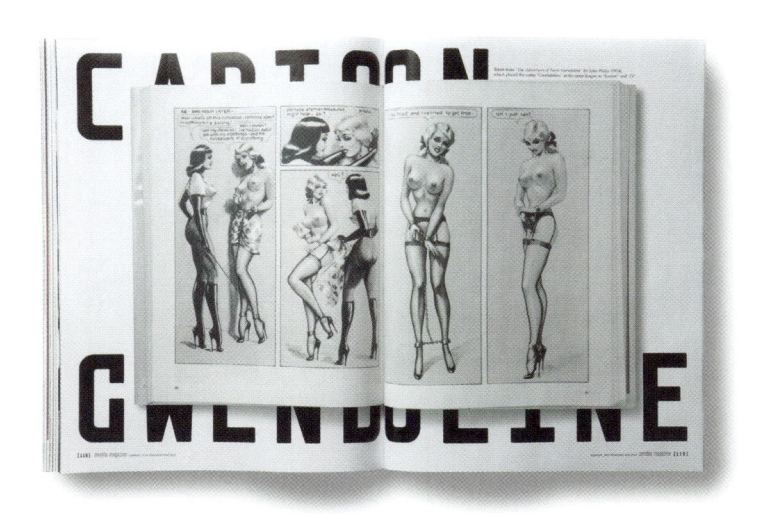

141

Trabalho gráfico que explica, exemplifica ou adorna.
A ilustração, seja à mão ou por meio digital, assume muitas
formas e é utilizada para transmitir uma impressão que
o realismo da fotografia nem sempre pode fornecer.
Variando do desenho a traço do estúdio Frost Design para
a revista *Zembla* (no alto) até os elegantes detalhes do
convite criado pelo Studio Thomson (acima) onde cada
linha é crucial, e passando pelos intricados meios-tons no
exemplo (à direita) do Studio Output, a ilustração pode
ser empregada de várias maneiras.

☞ *ver* Meio-tom, 168; Traço (Line Art), 257; Linoleogravura, 156

Imagem Panorâmica

Perspectiva ampla ou extensa que dá ao olho mais espaço para explorar o tema. Os detalhes da imagem tendem a ser mais longos no plano horizontal do que no vertical, logo, a panorâmica é adequada para a exibição de paisagens naturais, como a mostrada aqui.

I Impressão de Borda 143

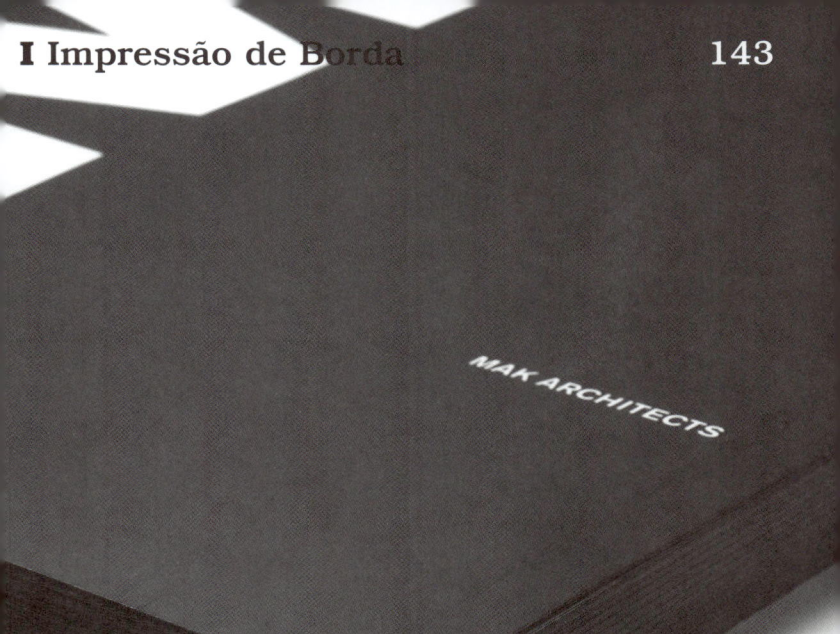

Processo especial para imprimir nas bordas de corte de uma publicação sem costura. Originalmente utilizado para dar maior proteção a livros que seriam muito usados, como bíblias, hoje é um meio de acrescentar detalhes decorativos a um projeto, como as bordas pretas da brochura feita pelo Studio Myerscough para o MAK Architects, de Londres (acima).

☛ *ver* Detalhes do Livro, 75; Encadernação sem Costura, 98

Impressão Sobreposta (Overprint) 144

Método de impressão em que uma tinta é impressa sobre outra. A impressão sobreposta, ou overprint, confere textura visual a um projeto. A ordem em que as tintas são impressas afeta a aparência final, uma vez que diferentes ordens de impressão produzem diferentes efeitos. Logo, uma impressão sobreposta deve ser cuidadosamente considerada para que as cores sejam reproduzidas conforme pretendido.

As cores da escala normalmente são impressas na sequência CMYK, permitindo que sejam sobreimpressas nessa ordem. As cores à esquerda não se sobrepõem (knockout, ou reserva de cor), enquanto às da direita sim (overprint, ou impressão sobreposta).

Efeitos interessantes com fontes podem ser obtidos pelo uso da impressão sobreposta. Na ilustração acima, a camada na parte superior não é sobreposta, mas apenas as da parte inferior. Onde as cores primárias subtrativas ciano e magenta se sobrepõem, obtém-se azul.

A impressão sobreposta de imagens vetoriais ou texto sobre uma imagem cria um efeito de textura.

ver Cores Primárias Aditivas & Subtrativas, 63; CMYK, 51

Impressão Tom sobre Tom
(Surprint)

MÉTODO DE REPRODUÇÃO A PARTIR DE UMA ÚNICA COR UTILIZANDO TONALIDADES DA MESMA.
NÃO DEVE SER CONFUNDIDO COM **IMPRESSÃO VAZADA**, QUE SIGNIFICA SIMPLESMENTE INVERTER AS CORES DO PRIMEIRO E SEGUNDO PLANOS, NEM COM UMA **IMPRESSÃO SOBREPOSTA** (OVERPRINT).

IMPRESSÃO TOM SOBRE TOM (SURPRINT)	IMPRESSÃO VAZADA	IMPRESSÃO SOBREPOSTA (OVERPRINT)
Dois elementos impressos um sobre o outro e que são tonalidades da mesma cor.	A remoção de parte de uma cor de preenchimento para deixar um espaço em branco.	Dois elementos coloridos impressos um sobre o outro. Geralmente, a cor mais escura é impressa sobre a cor mais clara.

ver Impressão Sobreposta, 144; Texto Vazado, 252

I Inclinação do Eixo Vertical 146

Direção em que uma linha curva de uma letra muda de peso.
Diferentes fontes têm diferentes inclinações do eixo, o que faz parte da
sua personalidade e ajuda a distingui-las umas das outras. A ilustração
à esquerda mostra o eixo vertical reto da fonte Bodoni Poster, que
contrasta visivelmente com a inclinação para a esquerda da fonte
Benguiat (mostrada à direita), mais próxima da inclinação natural
encontrada em textos escritos à mão.

☛ *ver* Tipos & Fontes, 255

I Itálico & Oblíquo

Fonte desenhada com base em um eixo inclinado entre 7 e 20 graus. O itálico derivou das fontes caligráficas sutilmente inclinadas utilizadas no século XVI na Itália, e clichês com essa forma caligráfica foram desenhados para acompanhar as formas romanas eretas das fontes serifadas. Itálicos como Novarese, utilizado aqui, têm uma aparência compacta em parte devido ao uso de muitas ligaturas. A fonte Novarese baseia-se em formas itálicas antigas, mas os caracteres em caixa-alta são letras maiúsculas romanas padrão.

Itálico
Fontes itálicas verdadeiras são especificamente desenhadas e incluem caracteres que podem ser visualmente bem diferentes, como o "a" em itálico mostrado acima.

Oblíquo
Versões inclinadas da fonte romana e, portanto, visualmente semelhantes.

☞ *ver* Estilos Tipográficos, 109

J Justaposição

Posicionamento de imagens lado a lado para destacar ou criar uma relação entre elas. O termo deriva de *juxta* que, em latim, significa "perto".

As páginas da brochura mostrada acima, criada pelo Studio Myerscough, foram impressas como folhas soltas e depois encadernadas uma ao lado da outra, provocando a justaposição de detalhes fotográficos com vistas de interiores decorados.

ver Encadernação, 94

K Kerning

Remoção manual ou automática do espaço entre certas letras para melhorar a aparência visual de uma palavra composta. O termo em inglês "kern" se refere às partes de um tipo de metal que se estendem além do bloco metálico, como o braço de um "f", por exemplo. No exemplo abaixo, o "K" sem o kerning está distante das demais letras da palavra, assim como o "g". Remover um pouco do espaço que separa essas letras com o kerning cria um equilíbrio visual mais natural. O kerning é utilizado juntamente com o espacejamento entre letras.

Sem kerning

Kerning

Com kerning (os valores em magenta são os pontos subtraídos)

Kerning

-7   -3   -3

☞ *ver* Espacejamento entre Letras, 105; Anatomia de Tipos, 27

K Kitsch

150

Estilo considerado demasiadamente sentimental e/ou pretensioso. Costuma ser relacionado com a cultura de massa e itens produzidos em série que antigamente eram vistos com certo desdém. Assim como as tendências se alteram, o que uma vez foi considerado kitsch pode se tornar interessante e contemporâneo.

L Largura

Comprimento de uma linha de texto. Há vários métodos para calcular a largura de uma determinada fonte, embora o tamanho resultante dependa do corpo utilizado. O alfabeto em caixa-baixa pode ser utilizado como referência; a largura normalmente fica entre 1,5 a 2 vezes a largura do alfabeto. Esse cálculo dá uma largura de fonte interessante, que não é nem muito curta (o que criaria muitos espaços em branco ou quebras de linha estranhas), nem tão longa (o que poderia dificultar a leitura). Observe que à medida que o corpo diminui, a largura ideal também é reduzida.

abcdefghijklmnopqrstuvwxyz

Times New Roman

abcdefghijklmnopqrstuvwxyz

Bookman Old Style

Um método mais complexo é medir em paicas. É necessária uma relação de 2:1 a 2,5:1 entre a medida em paicas e o corpo em pontos. Por exemplo, uma medida em paicas de 16–20 para uma fonte em 8 pt, 20–25 paicas para uma fonte em 10 pt e 24–30 paicas para uma fonte em 12 pt.

Outra fórmula simples é especificar o número de caracteres por linha (não menos de 25, ou mais de 70), por exemplo, 40, que é suficiente para aproximadamente seis palavras de seis caracteres por linha.

O texto composto em uma largura menor parecerá diferente do texto escrito em uma largura maior. Alterar a fonte mudará a especificação da largura e talvez exija um ajuste. Embora uma fonte possa ter um bom ajuste na largura, outra talvez apresente problemas, como um espacejamento estranho, principalmente no texto justificado, como mostrado aqui.

O texto composto em uma largura menor parecerá diferente do texto escrito em uma largura maior. Alterar a fonte mudará a especificação da largura e talvez exija um ajuste. Embora uma fonte possa ter um bom ajuste na largura, outra talvez apresente problemas, como um espacejamento estranho, principalmente no texto justificado, como mostrado aqui.

ver Alinhamento, 23

L Layout   152

Disposição do texto, das imagens e de outros elementos visuais em um design para dar uma ideia aproximada do seu aspecto final. Um layout é geralmente desenvolvido em uma estrutura, como um grid. Um layout de página tem áreas ativas e passivas devido à maneira como o olho lê uma página.

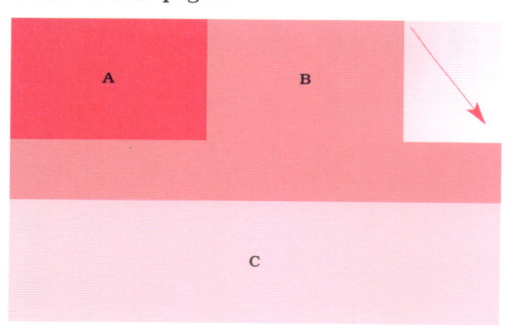

A ilustração mostra os níveis de atividade em diferentes áreas de uma página. As áreas mais escuras são aquelas que mais chamam a atenção.

A imagem ao lado mostra uma página dupla criada pelo estúdio Frost Design. A legenda da imagem foi posicionada em um ponto de destaque do layout.

☞ *ver* Grid, 131

L Lenticular

Técnica de impressão que confere profundidade ou movimento em uma imagem à medida que o ângulo de visão muda.

A impressão lenticular alterna faixas de várias imagens na parte de trás de uma lâmina plástica transparente que contém uma série de sulcos curvos chamados lentículas. As faixas são alinhadas de modo que aquelas que formam uma imagem específica sejam refratadas no mesmo ponto. A imagem ao lado mostra uma parte do material promocional criado pelo estúdio de design The Kitchen para a Topman que utiliza uma impressão lenticular de uma pergunta e uma resposta.

L Ligatura   154

Dispositivo tipográfico que une dois ou três caracteres separados para formar uma única unidade e impedir que os caracteres interfiram um com outro.

fi fl ff ffi ffl	fi fl ff ffi ffl	fi fl
Tipo normal	Ligaturas	Logotipos

Ligaturas apropriadas são caracteres desenhados para o uso como uma unidade e são incluídos em muitas fontes, especialmente em caracteres especiais. Algumas fontes sem serifa (acima, na extrema direita) têm caracteres que realizam a mesma função que a das ligaturas, mas como elas não se unem, são consideradas logotipos. A ilustração abaixo é um design do estúdio Parent com as formas das letras unidas; embora não sejam ligaturas, elas desempenham um papel semelhante, ligando unidades individuais em um todo.

L Linha de Base & Deslocamento da Linha de Base

Linha imaginária sobre a qual todas as letras maiúsculas e a maioria das minúsculas são posicionadas. É uma referência importante para a disposição precisa e consistente do texto e dos elementos gráficos.

A linha de base também pode ser deslocada para o posicionamento de caracteres sobrescritos e subscritos. Aqui, a linha de base foi deslocada em 5pts.

O deslocamento da linha de base é utilizado para alterar a posição dos subscritos e sobrescritos a fim de que eles se ajustem confortavelmente no texto principal[1].

ver Subscritos, 244; Sobrescritos, 243

L Linoleogravura

Impressão em alto-relevo criada a partir de um desenho entalhado em linóleo. A linoleogravura, ou gravura em linóleo, emprega os mesmos princípios da xilogravura, mas o linóleo é mais fácil de entalhar e fornece uma impressão mais uniforme. A imagem da impressão em alto-relevo será uma imagem invertida do desenho entalhado em linóleo. Acima, uma linoleogravura de Laura Neal.

L Litografia 157

Processo de impressão que utiliza a repulsão entre óleo e água para entintar uma chapa contendo um desenho. O termo litografia significa "escrever sobre pedra" e a técnica foi descoberta por Alois Senefelder por volta de 1798, em Praga. Seu princípio funcional é a base do processo de impressão offset que possibilitou a impressão em quatro cores em uma escala industrial. A impressão em quatro cores envolve reproduzir imagens coloridas como uma série de quatro chapas, cada uma correspondendo às cores da escala CMYK (ciano, magenta, amarelo e preto).

A sequência de impressão em CMYK é mostrada na linha superior abaixo. Essa sequência pode ser alterada para efeitos visuais diferentes. A linha inferior (da esquerda para a direita) apresenta uma imagem de quatro cores inalterada, uma imagem que foi impressa com as chapas de magenta e ciano na ordem incorreta, uma impressão com a chapa de amarelo no lugar das quatro cores, e uma imagem sem a chapa de preto, o que produz uma imagem mais clara e menos contrastada.

ver CMYK, 51

L Logos & Logotipos 158

Logo
Símbolo gráfico projetado para representar a característica de uma empresa, produto ou serviço ou outra entidade. Acima, o logo que representa a WNF (World Wildlife Fund), organização que visa a proteger espécies em risco de extinção, como o urso panda.

Logotipo
Identifica literalmente a organização à que se refere, utilizando caracteres estilizados para indicar suas capacidades ou sua cultura.

O logotipo da Federal Express, criado pelo estúdio Landor Associates, funciona em dois níveis. À primeira vista, é apenas uma simples contração do nome da empresa. Entretanto, ele comunica uma mensagem subliminar: observe a ponta de flecha criada entre o "E" e o "x". Isso reforça a natureza da atividade comercial da FedEx: entregas rápidas e diretas.

ver Marca, 160

M Maiúscula & Minúscula

LETRAS MAIÚSCULAS TAMBÉM SÃO CHAMADAS DE CAIXA-ALTA PORQUE NA ÉPOCA DA IMPRESSÃO TIPOGRÁFICA ERAM MANTIDAS NA CAIXA DE TIPOS SUPERIOR. ESTE TEXTO FOI COMPOSTO NA FONTE TRAJAN BOLD.

Letras minúsculas originalmente derivavam de caracteres carolíngios. este texto foi composto na fonte camella. a maioria das fontes contém conjuntos de caracteres maiúsculos e minúsculos. contudo, algumas fontes têm apenas uma caixa; logo, não há distinção entre maiúsculas e minúsculas.

ver Tipos & Fontes, 255

M Marca

Símbolo, marca, palavra ou frase que identifica e diferencia um produto, serviço ou organização dos seus concorrentes. As marcas ajudam a distinguir ofertas de produtos semelhantes pela percepção da sua qualidade e valor, isto é, elas podem se tornar um símbolo reconhecível de certo nível de qualidade, influenciando a decisão de compra.
As marcas muitas vezes comunicam "uma personalidade" que representa um conjunto de valores que atrai os consumidores-alvo, por exemplo, alimentos que são mais saudáveis, cosméticos que são mais limpos ou ketchups que são mais saborosos do que aqueles dos concorrentes.

☛ ver Identidade, 139

Marca de Parágrafo

Símbolo tipográfico utilizado para indicar parágrafos individuais.

¶

Também chamado de pé-de-mosca, a marca de parágrafo era utlizada na Idade Média para indicar um novo raciocínio em um texto antes da adoção de parágrafos separados.

M Margem Irregular

Forma criada pela borda externa de um bloco de texto não justificado. A irregularidade é causada pela ausência de uniformidade das linhas do texto quando a hifenização não é utilizada, como mostrado aqui. A irregularidade é mais perceptível se houver espaços estranhos, o que pode ser provocado por palavras longas, ou se o texto começar a criar formas (como triângulos) com a sucessão de quebras de linha. A irregularidade pode ser reduzida ajustando o kerning e o espacejamento entre letras, mas em casos extremos o texto talvez precise ser reescrito.

M Matiz 163

Cor refletida ou transmitida a partir de um objeto. O matiz é expresso como um valor entre 0 e 360 no disco de cores. Alterar valores de matiz afeta de forma significativa as cores de uma imagem.

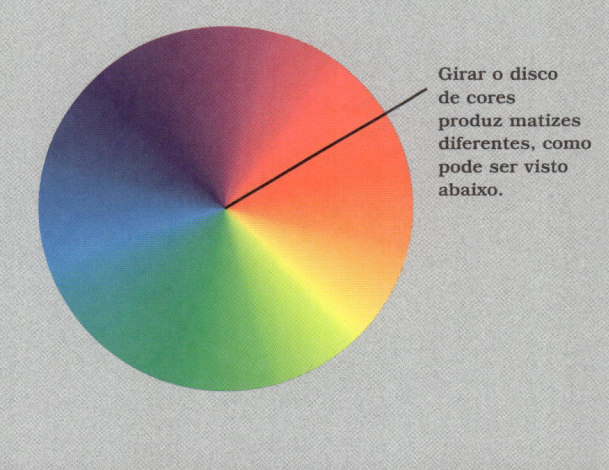

Girar o disco de cores produz matizes diferentes, como pode ser visto abaixo.

ver Disco de Cores, 79; Saturação, 227

M Mediana

Método de redução de valores de uma imagem para remover detalhes sem causar pixelização.

ver Filtros, 114

M Medianiz 165

Espaço em branco entre duas páginas de um livro encadernado. A medianiz muitas vezes é ocultada pela encadernação, ou seja, qualquer elemento impresso no limite dessa margem da página talvez não seja visível. As informações podem ser perdidas ou difíceis de ver, o que é explorado como efeito gráfico pelo estúdio Frost Design no exemplo acima (da revista *Zembla*). A medianiz também é utilizada para descrever o espaço entre colunas adjacentes de texto.

☛ *ver* Encadernação, 94; Coluna, 54

M Medidas Absolutas & Relativas 166

Sistemas de medida utilizados na tipografia.

Medidas absolutas
Medições de valores fixos, expressas em termos finitos que não podem ser alterados. Por exemplo, um milímetro é uma porção precisamente definida de um centímetro. Pontos e paicas, medidas tipográficas básicas, também têm valores fixos.

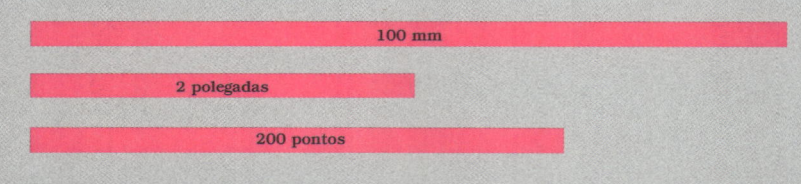

100 mm

2 polegadas

200 pontos

Medidas relativas
Na tipografia, muitos valores, como o espacejamento de caracteres, estão diretamente ligados ao tamanho do tipo, ou seja, são definidos por uma série de medidas relativas (em vez de absolutas). O bloco de construção básico dos caracteres tipográficos, o espaço eme, é uma medida relativa. Uma fonte configurada em 70 pt tem um espaço eme de 70 pt. Uma fonte configurada em 40 pt tem um espaço eme de 40 pt.

O eme

O eme

O eme

A fonte de 70 pt fornece um valor "eme" de 70 pt.

Ao reduzir o tamanho da fonte para 40 pt, o valor "eme" diminui para 40 pt.

Ao reduzir o tamanho da fonte, o valor "eme" diminui de modo proporcional.

M Meio-corte

Método de corte frequentemente utilizado com materiais autoadesivos, onde o papel é cortado, mas não a base, para facilitar a remoção de uma etiqueta. Acima, uma série de etiquetas adesivas criadas pelo NB: Studio.

M Meio-tom

168

Padrão de ponto

Padrão de linha

Padrão de elipse

Padrão de quadrado

Padrão de ponto espaçado

Padrão de linha espaçado

Imagem formada por pontos que é adequada para impressão offset. A imagem de meio-tom é formada por uma retícula de linhas que converte uma imagem de tom contínuo (como uma fotografia) em uma composição de pontos. Tanto o padrão como o tamanho e a direção dos pontos (ou outras formas) podem ser alterados e manipulados para obter vários efeitos visuais. As imagens de meio-tom digitais são geralmente armazenadas como arquivos no formato TIFF.

ver Formatos de Arquivo, 118

M Metáfora 169

Um artifício que transfere o significado de uma coisa a outra, mesmo que não haja uma relação próxima entre elas. Uma metáfora visual gera uma sensação incomum ao fazer uma comparação com algo familiar.

☞ *ver* Metonímia, 170; Sinédoque, 240

M Metonímia 170

Algo que denota uma coisa, mas que é utilizado para referenciar outra. O receptor cria uma associação entre o objeto e seu significado pretendido, em vez do seu significado literal. Os táxis acima são uma metonímia de Nova York: eles são parte da cidade, mas não são a própria cidade.

☞ *ver* Metáfora, 169; Sinédoque, 240

M Miniaturas 171

Coleção de imagens em pequena escala das páginas de uma publicação. As miniaturas permitem que os designers e clientes tenham uma ideia do fluxo visual de um trabalho, servindo como referência para ajudar no seu ajuste final.

ver Plano de Imposição, 200; Paginação, 187

M Modernismo

A forma segue a função

O modernismo (1890–1940), por meio dos movimentos cubista, surrealista e dadaísta, foi modelado pela industrialização e urbanização da sociedade ocidental. Essa vertente artística, inclusive os movimentos De Stijl, construtivista e Bauhaus, rejeitava o espírito rural e provinciano predominante na era Vitoriana, seus valores e estilos, em favor de conceitos cosmopolitas.

A funcionalidade e o progresso, expressos pela máxima "a forma segue a função", tornaram-se preocupações cruciais. Com isso, o movimento buscava ir além da representação física externa da realidade por meio da experimentação, em um esforço para definir o que deveria ser considerado "moderno".

No design gráfico, o modernismo adotou uma abordagem assimétrica do layout com a estrita adesão ao grid, uma ênfase no espaço em branco e na tipografia sem serifa e também pela ausência de elementos decorativos.

ver Assimetria, 33
ver Bauhaus, 36
ver Construtivismo, 57
ver Grid, 131
ver Layout, 152
ver Espaço em Branco, 10
ver Zeitgeist, 271

M Moiré

Padrões impressos indesejáveis produzidos por pontos de meio-tom que aparecem quando há interferência entre os ângulos de retícula de diferentes chapas de impressão. Para que a produção de um padrão moiré seja evitada, as imagens devem ser reproduzidas especificando-se diferentes ângulos para as quatro telas de meio-tom (CMYK). A cor menos perceptível é o amarelo, portanto, a retícula de meio-tom amarela é impressa no ângulo mais perceptível ao olho (e a cor mais perceptível é impressa no ângulo menos perceptível). A ilustração abaixo é uma visão esquemática de como as retículas de meio-tom das quatro cores (da escala CMYK) são especificadas em ângulos diferentes para minimizar qualquer interferência entre as suas respectivas grades dos pontos de meio-tom.

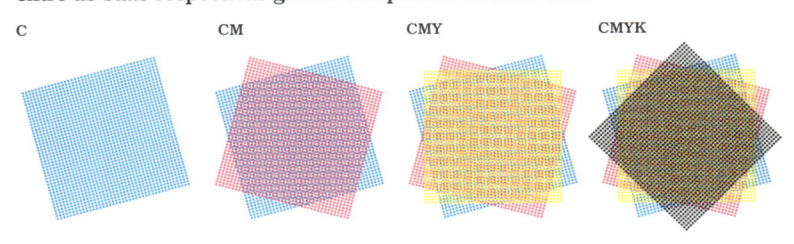

Imagem impressa com os ângulos das retículas de meio-tom especificados de modo correto.

Quando os ângulos das retículas de meio-tom são especificados de forma incorreta, eles causam um padrão de moiré.

Sem diferença nos valores de ângulo de retícula, todos os pontos de meio-tom se sobrepõem porque são impressos no mesmo lugar.

☞ *ver* Meio-tom, 168; Litografia, 157

M Monocromático

174

Imagem criada com variações de tom de uma única cor.

M Monoespacejada

Fonte que aloca a mesma quantidade de espaço para cada caractere de modo que cada um se alinhe verticalmente em um bloco de texto. A fonte monoespacejada "força" cada caractere a ocupar o mesmo espaço independentemente da largura de letra real, o que causa espaçamentos estranhos no corpo do texto. É útil para alinhar verticalmente textos e numerais em tabelas.

☛ *ver* Tipos & Fontes, 255

M Montagem 176

Composição visual criada pela justaposição e/ou superposição de várias fotos, elementos ou desenhos para formar uma nova imagem (não deve ser confundido com uma colagem). Abaixo, uma montagem de botões e etiquetas criada pelo estúdio de design espanhol Vasava Artworks.

☞ *ver* Colagem, 53

M Mosaico

Imagem, chão, cobertura de parede, obra de arte ou qualquer peça decorativa ou acabamento criada fixando-se pequenas peças de cerâmica, vidro ou outro material colorido sobre uma superfície. Os mosaicos eram uma forma popular de expressão visual na cultura romana.

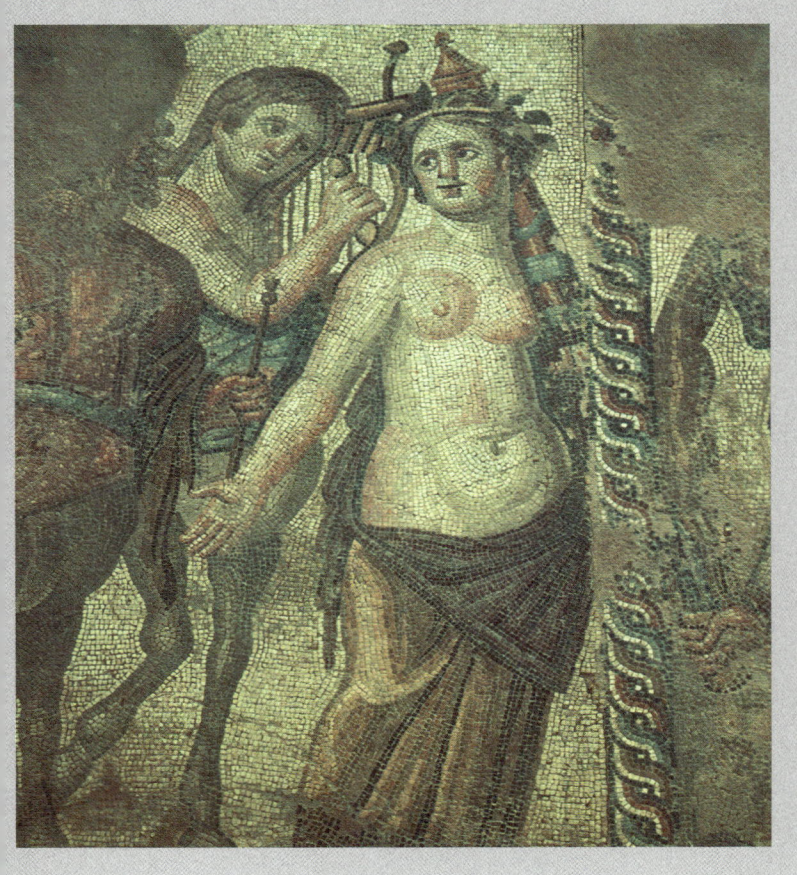

M Movimento de Artes e Ofícios

MOVIMENTO DE ARTES DECORATIVAS, MOBILIÁRIO E ARQUITETURA DO FINAL DO SÉCULO XIX QUE BUSCOU RECUPERAR A BELEZA PERDIDA NA REVOLUÇÃO INDUSTRIAL E RESTABELECER O ELO ENTRE O TRABALHADOR E AS ARTES POR MEIO DE UMA HONESTIDADE NO DESIGN. SEUS PRINCIPAIS REPRESENTANTES SÃO WILLIAM MORRIS, DANTE GABRIEL ROSSETTI E FRANK LLOYD WRIGHT.

ESTA FONTE É A ITC RENNIE MACKINTOSH, CRIADA POR PHILL GRIMSHAW EM 1996. ELA BASEIA-SE NA CALIGRAFIA E NOS DESENHOS DO DESIGNER ESCOCÊS CHARLES RENNIE MACKINTOSH (1868-1928), QUE CRIOU EDIFÍCIOS ORIGINAIS, E INTERIORES E MOBILIÁRIO COM UM TALENTO PECULIAR.

A ITC RENNIE MACKINTOSH FOI CRIADA DEPOIS DE PESQUISAS E COLABORAÇÕES ENTRE A INTERNATIONAL TYPEFACE CORP. E A GLASGOW SCHOOL OF ART. ESSA FAMÍLIA DE FONTES É DIFERENTE E ORIGINAL, E UMA BOA OPÇÃO PARA EMBALAGENS DE PRODUTOS, PUBLICIDADE E PROJETOS GRÁFICOS COM UM ESTILO DE ÉPOCA.

ver Tipos & Fontes, 255

M Mural

Grande pintura de parede. Os murais datam dos tempos antigos, quando muitas vezes eram pintados a fresco. Hoje, eles fazem parte do visual urbano de uma cidade e são utilizados para encobrir paredes de concreto, dar mais vida ao ambiente e criar um ponto de encontro da arte de guerrilha, praticada por artistas como Banksy. Os murais também podem servir a uma causa política. A imagem acima mostra um mural pintado por mineiros em greve na mina de cobre Escondida, no Chile, em agosto de 2006.

☞ *ver* Afresco, 21

N Navalha de Occam (ou Ockham)

Princípio que forma a base do reducionismo metodológico, atribuído ao especialista em lógica e frade franciscano inglês do século XIV, William de Ockham. O princípio afirma que os elementos não essenciais devem ser removidos para produzir algo mais simples, reduzindo-se, assim, o risco de introduzir inconsistências, ambiguidades e redundâncias. Também chamado de princípio da parcimônia ou lei da economia.

Acima, a identidade feita pelo 3 Deep Design para o Open Core. A simplicidade da identidade é evidenciada pela redução da marca a uma simples ligatura. O tratamento tipográfico é um exemplo da redução de elementos à quantidade ideal, nesse caso, uma única ligatura. Adicione algo e ela se torna supérflua, subtraia algo e nada restará.

☞ *ver* Identidade, 139; Ligatura, 154

N Negrito ou Bold

SUPER

Mason Super Bold

95

95 Helvetica Black

Poster

Poster Bodoni

Extra

Univers Extra Black

Black

Univers Black

Ultra

GillSans Ultra Bold

Demi

Eurostile Demi

Versão de uma fonte romana com maior espessura.

A maioria das fontes tem uma versão **negrito** que deve ser utilizada em vez da opção de "falso" negrito que muitos softwares de editoração eletrônica oferecem, já que eles simplesmente tornam uma fonte mais espessa em vez fornecer um verdadeiro **negrito**. Um verdadeiro **negrito** é individualmente desenhado para assegurar que o texto seja impresso corretamente e que seja proporcional aos outros pesos na família de fontes.

Negrito também é chamado de bold, seminegrito, black, extra, super ou poster, e é representado por um número no Sistema de Numeração de Frutiger.

ver Sistema de Numeração de Frutiger, 241; Tipos & Fontes, 255

O Ocos

Espaço vazio dentro do corpo de um traço que é cercado pelo arco. Também chamado de olho na letra "e", arco para a cavidade criada no descendente de uma letra "g" minúscula, vazio e miolo, um oco pode descrever a forma do espaço negativo dentro de um caractere aberto, como na letra "C" em caixa-alta.

No catálogo criado pelo Why Not Associates para uma exibição na Royal Academy, o título apresenta letras com o oco preenchido.

ver Anatomia de Tipos, 27

O Orelha

rg

Traço de serifa estendida que se torna espesso no final, encontrado no "g" minúsculo e na maioria das fontes serifadas. As letras acima têm uma orelha ovalada, embora também possam ser retas ou afiladas.

☞ *ver* Serifa & Sem Serifa, 234; Anatomia de Tipos, 27

O Orelhas

Extensões do papel ou outro material da capa ou da sobrecapa do livro que são dobradas para dentro da publicação a fim de dar mais apoio e rigidez. As orelhas normalmente contêm notas sobre o livro ou seu autor. A imagem abaixo mostra a arte da capa deste dicionário aberta. Observe que as orelhas são ligeiramente mais estreitas que a capa a fim de serem dobradas para dentro sem fazer a capa arquear.

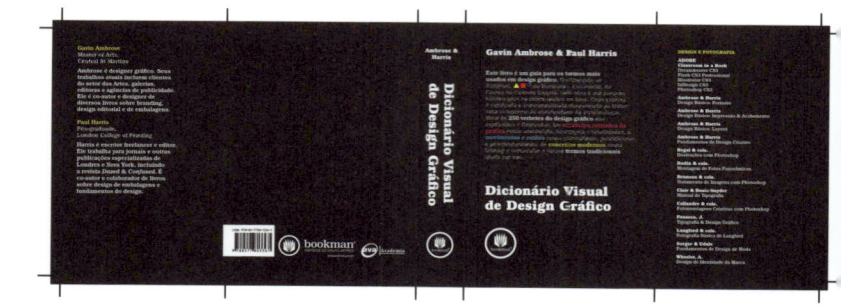

ver Detalhes do Livro, 75

O Outline (Fontes de Contorno) 185

Versão de uma fonte que apresenta contornos em vez de caracteres sólidos. Muitas fontes estão disponíveis como caracteres de contorno, como Helvetica Neue Bold Outline, utilizada com aplicação em baixo-relevo na capa deste catálogo, criado pelo estúdio SEA Design para a Rankin.

P Página Desdobrável 186

Folha de papel dobrada e encartada em uma publicação para ser aberta horizontalmente. Uma página desdobrável é diferente de uma dobra-janela, que é uma dobra de quatro páginas. Ela é ligeiramente mais estreita que as demais páginas da publicação para se encaixar na publicação quando dobrada. A imagem acima mostra uma página desdobrável com design do estúdio Vasava Artworks para a grife de roupas Diesel.

ver Dobra-janela, 84

P Paginação

Ordem das páginas em uma publicação. Também chamada extensão. Uma paginação expressa como 176 p, por exemplo, significa que a publicação tem 176 páginas impressas. A paginação difere da imposição, que é a organização das páginas de uma publicação quando impressas antes de serem dobradas e refiladas.

Miniaturas de página podem ser utilizadas para examinar a paginação de um livro a fim de que o fluxo de páginas e o conteúdo sejam vistos antes de serem impressos.

ver Extensão, 112; Plano de Imposição, 200; Miniaturas, 171

P Páginas-mestre

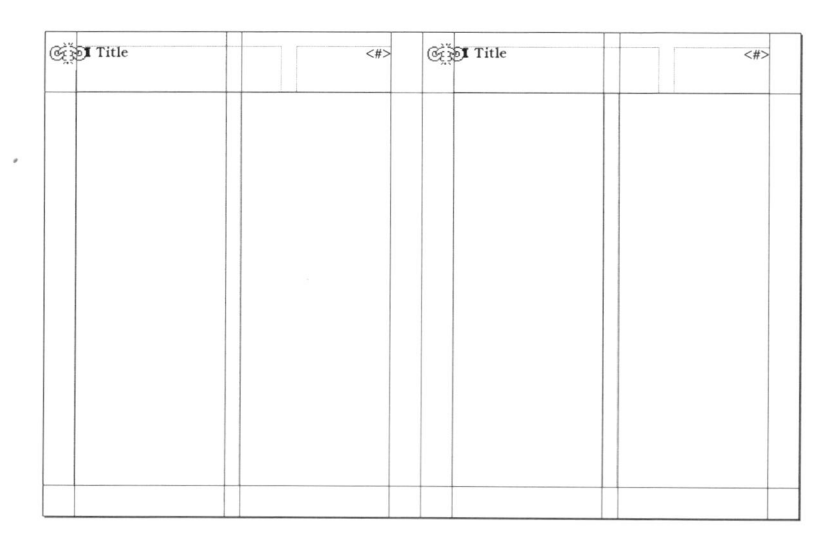

No contexto dos softwares de layout, páginas de modelo que contêm elementos comuns que aparecerão em um documento. Diferentes páginas-mestre podem ser utilizadas para diversas seções em um documento. Por exemplo, uma seção pode ter uma página-mestre direita de duas colunas enquanto outra seção tem uma página-mestre direita de três colunas. O conteúdo que é posicionado ou alterado em uma página-mestre aparecerá em todas as páginas que a página-mestre administra. O símbolo no canto superior direito das duas páginas-mestre é um número automático de página, ou seja, se você alterar a ordem da publicação, os números da página serão atualizados automaticamente.

P Papel Emborrachado

Papel durável com textura emborrachada, também conhecido como Plike (de Plastic-like, isto é, parecido com plástico). A capa com papel emborrachado de George & Vera tem uma sensação tátil incomum e é bastante resistente.

ver Suporte, 245

P Papel-bíblia 190

Papel fino, forte, opaco e leve que ajuda a reduzir o peso de uma publicação e que recebeu esse nome por ser muito utilizado na fabricação de bíblias. Também chamado papel da Índia. A imagem acima mostra uma página dupla do livro *13 Typo-Sünden* (13 pecados tipográficos) de Hans Peter Willberg, produzido para o estúdio de design e tipografia alemão Verlag Hermann Schmidt Mainz, e impresso em papel-bíblia branco de 50 g/m².
Os vampiros na imagem representam o uso incorreto de sinais de polegadas em vez de aspas.

☞ *ver* Entretela, 103; Gramas por Metro Quadrado, 128

P Paradigma

Conjunto de premissas, valores comuns ou práticas que constituem um modo de ver a realidade. Ao usar imagens relacionadas a um determinado paradigma, um designer pode infundir certos valores e premissas em um projeto que serão imediatamente conhecidos e aceitos pelo leitor.

A brochura de George & Vera para o MK One criou um paradigma divertido ao mostrar fotografias em Polaroid que foram descartadas em uma praia.

P Parênteses

Par de linhas curvas verticais ou colchetes usado como sinal de pontuação para delimitar explicações ou classificações na escrita. Por exemplo, Paul Harris (1971–) e Gavin Ambrose (1973–) são os autores deste livro.

P Paronomásia 193

Jogo de palavras, às vezes engraçado, que pode funcionar devido a diferentes significados, sentido, som ou aparência. Koestler definiu a paronomásia como "duas linhas de pensamento ligadas por um nó acústico". O escritor Edgar Allan Poe disse: "a virtude do verdadeiro jogo de palavras é diretamente proporcional à sua intolerabilidade".

Acima, o convite para a Hogarth House, criado pelo estúdio Webb & Webb, mostra uma paranomásia visual. As sílabas "Ho Ho", extraídas do nome do cliente, fazem uma alusão aos risos e à descontração de uma festa.

Passe Partout

Borda em volta de uma imagem ou outro elemento que ajuda a enquadrá-lo. É usado como uma forma de padronizar a apresentação de diferentes assuntos.

P Pastiche

Obra que imita estilos artísticos anteriores, por vezes com intenção satírica. Acima, uma imagem criada pelo Studio Output apresenta um pastiche de uma pintura holandesa de natureza-morta do século XVII.

A fonte utilizada nesta página é a American Typewriter, que pode ser considerada um equivalente tipográfico de um pastiche porque simula as formas das letras produzidas por uma máquina de escrever, embora seja formada por vetores, como outras fontes digitais.

P Perspectiva 196

Profundidade visual observável de um objeto, que varia de acordo com a distância do observador. Chamada de paralaxe na fotografia, a perspectiva é a linha de fuga de um objeto à medida que sua distândia em relação ao observador aumenta.

Acima, a fotografia de um edifício feita por Mark Rasmussen parece estreitar em direção ao topo. A perspectiva às vezes precisa ser corrigida para que uma imagem pareça natural.

A perspectiva também descreve o ponto de vista mental com o qual as pessoas vêem as coisas. Mudar de perspectiva, física ou mentalmente, pode resultar em uma percepção completamente diferente do que está sendo considerado.

P Picote

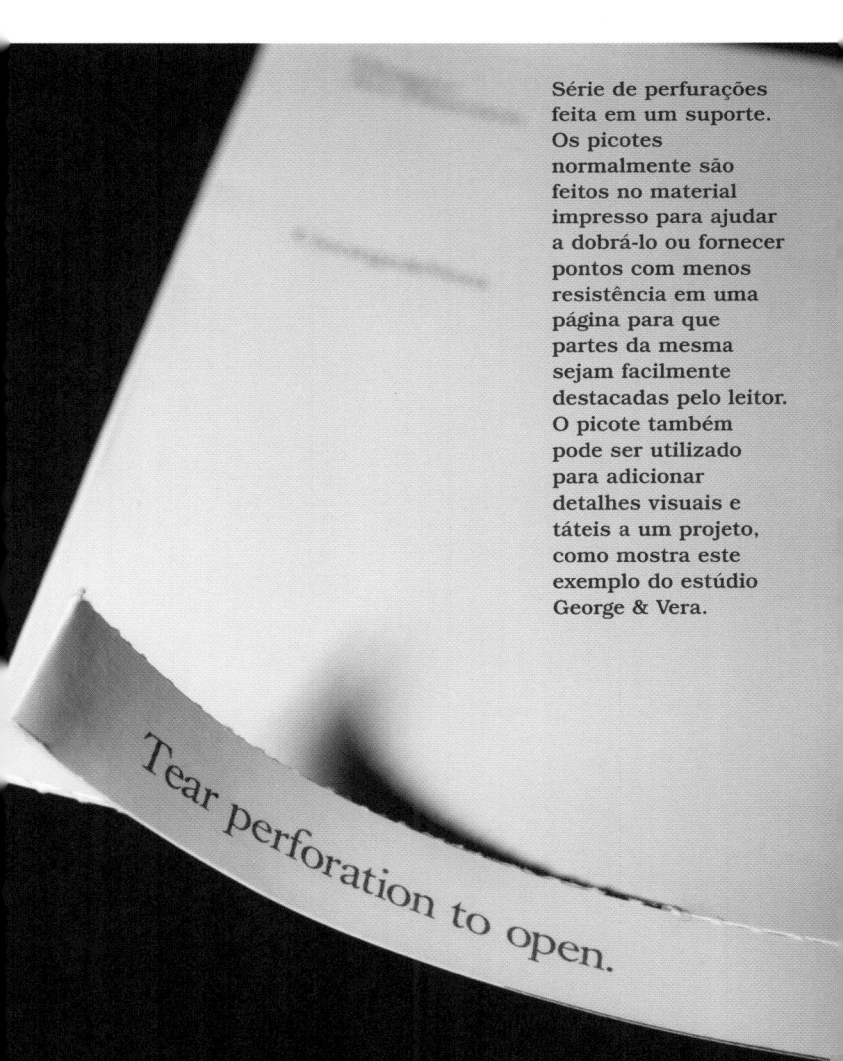

Série de perfurações feita em um suporte. Os picotes normalmente são feitos no material impresso para ajudar a dobrá-lo ou fornecer pontos com menos resistência em uma página para que partes da mesma sejam facilmente destacadas pelo leitor. O picote também pode ser utilizado para adicionar detalhes visuais e táteis a um projeto, como mostra este exemplo do estúdio George & Vera.

Tear perforation to open.

P Pictograma

Elemento gráfico que descreve uma ação ou uma série de ações por meio de referências (ou dicas) visuais. Muitos idiomas asiáticos utilizam caracteres pictográficos ou ideográficos que criam uma representação visual da ideia a ser transmitida. A ilustração abaixo (de cima para baixo) mostra as palavras coreanas para paz, anjo, espírito, encanto e beleza.

평화

천사

영혼

매력

아름다움

P Pixel

PIX [picture] EL [element]

Forma abreviada de picture element, é a unidade básica de informações para um monitor de computador ou uma imagem digital tipo bitmap. Telas e imagens são divididas em grades com cada quadrado representando um pixel. Os pixels podem ser vistos no desenho dos *Invasores Espaciais* acima. Quanto maior o número de quadrados na grade, mais pixels ela terá e mais informações serão gravadas e, portanto, maior será a resolução ou qualidade da imagem.

Esta página utiliza a fonte Citizen, criada em 1986 por Zuzana Licko, inspirada na opção de impressão suave fornecida pelo Macintosh, que transformou as bordas serrilhadas dos pixels em diagonais mais suaves ao converter bitmaps de 72 dpi em 300 dpi em impressoras a laser.

ver Bitmap, 37

P Plano de Imposição

Plano que mostra a organização das páginas de uma publicação na sequência e posição em que elas aparecerão quando impressas antes de serem cortadas, dobradas e refiladas.

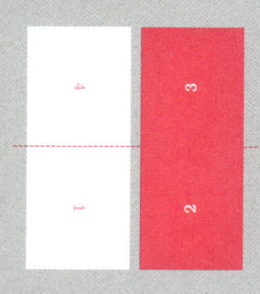

As páginas são impressas frente e verso. Por exemplo, a página dois de um livro será impressa nas costas da página três. As páginas podem ser impressas utilizando diferentes métodos. O método tira-retira permite que ambos os lados da folha sejam impressos utilizando uma única chapa, o que reduz os custos. Depois da primeira impressão, o papel é virado para uma segunda impressão. A borda de pinça permanece a mesma, mas as guias laterais são diferentes. O método de imposição pé-com-cabeça também permite que uma folha seja impressa utilizando uma única chapa. Nesse caso, o papel é virado depois que o primeiro lado é impresso de modo que a contra-pinça da primeira passagem torna-se a borda de pinça da segunda passagem. A mesma guia lateral é utilizada nas duas passagens. O método tira-gira imprime o mesmo conteúdo duas vezes no mesmo lado da folha. Depois da primeira impressão, a folha é virada e então impressa novamente. Esses métodos são adequados para pequenos trabalhos como um folder de quatro páginas.

1	2	3	4	5	6	7	8	9	10	11	12	13	14	15	16
17	18	19	20	21	22	23	24	25	26	27	28	29	30	31	32

Para trabalhos maiores ou mais complicados, apenas metade das páginas permanece visível em um dos lados da folha. No exemplo acima, as páginas 1-16 são impressas de maneira independente das páginas 17-32, o que significa que se uma cor especial é utilizada, ela só pode ser impressa em um dos lados e talvez não esteja disponível a todas as páginas. Isso possibilita a um designer melhor controle sobre a reserva de cores especiais e o próprio uso das cores e também ajuda a reduzir os custos de impressão.

☛ *ver* Paginação, 187; Cores Especiais, 62

P Plica

Isto é uma plica.   Isto são aspas.

Marcas tipográficas utilizadas para indicar pés, polegadas, horas e minutos. Plicas não devem ser confundidas com o apóstrofo nem com as aspas tipográficas, que têm uma aparência semelhante, mas têm formas arredondadas e curvas.

P Pontilhismo

202

Estilo de pintura popularizado no século XIX pelo pintor francês Georges Seurat. O nome deriva do trabalho com pincel necessário para formar pontos muito pequenos de cores primárias que, quando observados de longe, se misturam produzindo cores secundárias. Telas de televisão funcionam com base em um princípio semelhante ao pontilhismo.

P Pós-modernismo

Movimento artístico (1960 até o presente) criado depois da Segunda Guerra Mundial e que questionava a noção de que há uma realidade confiável através da desconstrução da autoridade e da ordem estabelecida, apresentando ideias de fragmentação, incoerência e completa ridicularidade. Em reação ao modernismo, o pós-modernismo retomou concepções anteriores de adorno e decoração, celebrando a expressão e a intuição pessoal em detrimento da fórmula e da estrutura. Esta página foi composta em Barnbrook Gothic Three, uma releitura pós-moderna de uma letra em estilo gótico.

ver Modernismo, 172

P Preto Composto

Método de impressão em cores que resulta em um preto mais escuro e mais intenso. Também chamado de preto calçado. Esta página foi impressa em preto composto com uma camada de ciano impressa embaixo da camada de tinta preta. A ilustração é uma imagem de Arthur Brown criada pelo Studio KA.

ver Cor de Preenchimento, 60; Impressão Sobreposta, 144; Silhueta, 237

P Preto de Quatro Cores 205

K   CMYK

Preto produzido com as quatro cores da escala CMYK. O uso das quatro cores da escala resulta em um preto mais profundo, mais rico do que se fosse impresso como uma cor única (veja o exemplo acima). Variando os valores CMYK utilizados, a tonalidade de um preto pode ser alterada. Por exemplo, utilizar menos magenta e amarelo resulta em um preto mais azul e utilizar menos ciano, em um preto mais quente.

ver CMYK, 51; Preto Composto, 204

P Profundidade de Campo

Configurações de F-stop em uma câmera.

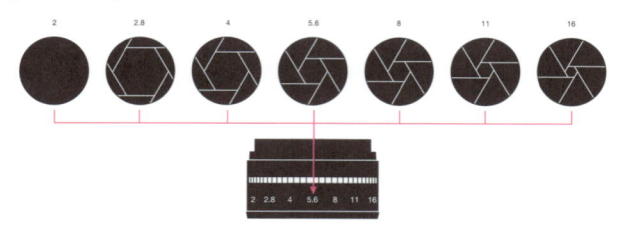

Zona de foco mais nítido em frente e atrás do objeto principal de uma foto que cria uma sensação de distância ou perspectiva. Ela varia de acordo com a distância focal da lente da câmera, que é medida em milímetros. Quanto menor a distância focal, maior a profundidade de campo. A lente de uma câmera inclui um seletor com configurações (ou números de f-stop) que representam frações da distância focal. Esses valores determinam quanta luz atravessará a lente aumentando ou diminuindo o diâmetro da abertura, como mostra a ilustração. A imagem acima tem pouca profundidade de campo, com apenas o primeiro plano em foco. Também chamada profundidade de foco.

☞ *ver* Perspectiva, 196

P Propaganda Política

Disseminação sistemática de informações para promover ou reforçar uma doutrina ou causa. As artes gráficas foram utilizadas em toda a história para propósitos de propaganda política devido à inegável força das imagens e dos símbolos. Geralmente, o emissor utiliza a propaganda política para convencer o público de uma ideia ou para ameaçá-lo.

Ao longo da história, os símbolos foram usados para causar impacto na propaganda. A suástica, um símbolo hindu sagrado que significa samsara (renascimento), foi apropriado pelos nazistas e se associou às noções de supremacia branca e raça ariana.

Na imagem à direita, a propaganda mostra uma águia americana com um trabalhador patriota fazendo sua parte nos esforços de guerra. A propaganda política tende a ser chauvinista, um termo que deriva de Chauvin, um veterano da era napoleônica, famoso pelo belicismo e nacionalismo irracional.

ver Apropriação, 29; Símbolos, 238

P Psicodelia 208

Ao lado, o pôster de Milton Glaser apresenta uma silhueta estilo Marcel Duchamp do músico Bob Dylan com o cabelo apresentado no característico estilo psicodélico, vibrante e multicolorido. Mais de 6 milhões desses pôsteres foram impressos.

Contracultura, criada em 1966, que fundiu diferentes gêneros e meios, e desafiou os limites tradicionais na música, nas artes plásticas, no cinema, no design gráfico e em outras áreas. A psicodelia está ligada ao movimento hippie e à cultura de drogas dos anos 1960.

ver Silhueta, 237

Quadritone

Imagem tonal produzida por três cores primárias subtrativas e preto. Em essência, uma imagem tonal é semelhante a uma fotografia em preto e branco em que os tons de branco foram substituídos por uma, ou uma combinação, de outras cores da escala. Duotones utilizam dois tons; tritones, três; e quadritones, quatro.

Para esse quadritone o amarelo foi exagerado, enquanto o ciano e o magenta foram atenuados, destacando as faixas na camisa do jogador de basquete.

☛ *ver* Duotone, 87; Tritone, 261

R Rasterizada

Formato de imagem em que as informações são armazenadas em uma grade de pixels e a cor de cada pixel é individualmente definida. Também chamadas bitmap, imagens rasterizadas não podem ser redimensionadas porque têm uma resolução fixa. Acima, uma imagem rasterizada criada pelo Studio Output.

☞ *ver* Bitmap, 37

R Rebarba 211

Borda irregular do papel quando sai da máquina de fabricação. Se não refilada, pode ser utilizada no livro como um efeito decorativo. O papel feito pela máquina tem duas rebarbas e o papel feito à mão, quatro. O efeito pode ser reproduzido ao rasgar manualmente a borda do papel. Observe a borda desigual texturizada nas páginas do exemplo acima.

☞ *ver* Detalhes do Livro, 75

R Rébus 212

Representação enigmática de uma palavra por meio de pictogramas. Geralmente, é visto como um quebra-cabeça, cujo objetivo é decifrar os pictogramas que foram utilizados para representar diferentes sílabas e/ou palavras.

A ilustração abaixo mostra um rébus criado por Ella Kay, sobrinha de Gavin. A resposta fornece uma pista sobre sua personalidade!

P

R I CANNOT WAIT
(eye-can-knot-weight)*

*N. de T.: Em português, "mal posso esperar", uma junção dos equivalentes em inglês das palavras "olho", "lata", "nó" e "peso".

R Reconhecimento Óptico de Caracteres (OCR)

Sistema que permite a um software de computador converter imagens de um texto impresso (normalmente capturado por um scanner) em um texto digitalmente editável.

Esta fonte é a OCR-A. Produzida pela American Typefounders, em 1968, foi a primeira fonte OCR a atender os critérios estabelecidos pelo US Bureau of Standards.

No mesmo ano, o tipógrafo Adrian Frutiger criou um equivalente europeu, OCR-B, para a Monotype, que é mais fácil de ler.

R Recuos para Tinta 214

Ink Well

Cortes exagerados em letras de uma fonte para serem preenchidos com tinta durante a impressão e, assim, ajudar a manter a definição dos caracteres. Com o avanço do processo de impressão eles se tornaram obsoletos, embora muitas fontes ainda os incluam. A imagem mostra a Bell Centennial, uma fonte com recuos de tinta exagerados, criada por Matthew Carter para a American Bell Telephone Company, em 1976.

ver Tipos & Fontes, 255

R Registro

Grau em que as diferentes chapas utilizadas no processo de impressão se alinham corretamente para reproduzir uma imagem com precisão. O registro exato resulta em uma imagem de qualidade fotográfica quase perfeita. Um registro ruim resulta em uma imagem que parece desfocada devido ao desalinhamento das chapas de impressão em cores.

Abaixo, à esquerda, uma imagem com bom registro. Uma impressora pode utilizar marcas de registro com círculo e cruz para verificar se o alinhamento da chapa está bom. Essas marcas parecerão claras quando houver um bom registro. Abaixo, à direita, uma imagem sem registro. Novamente, as marcas de registro mostrarão ao impressor qual chapa está fora de alinhamento.

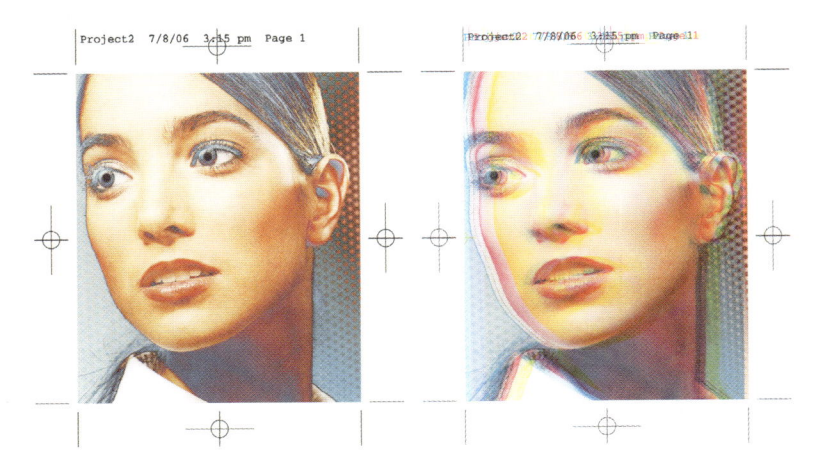

ver CMYK, 51

R Regra dos Terços 216

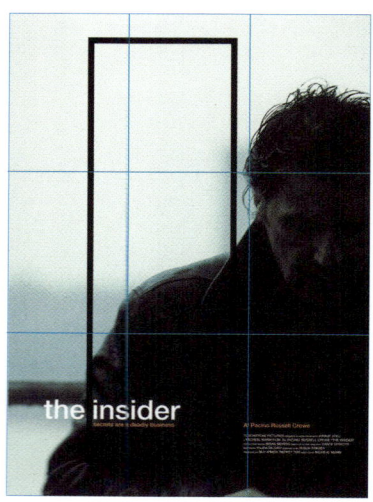

Guia de composição e layout fotográfico concebido para ajudar a produzir resultados dinâmicos. A regra dos terços funciona superimpondo um grid 3 x 3 básico sobre uma página, o que cria "hotspots", ou "pontos de atração", onde as linhas de grid se cruzam. Posicionar elementos visuais importantes nos pontos de atração chama a atenção e dá equilíbrio à composição.

A imagem acima à esquerda mostra uma capa criada pelo designer Gavin Ambrose para a revista *Art Mag* em que os lábios da mulher na pintura estão localizados em um ponto de atração. À direita, um pôster criado pelo Research Studios apresenta o rosto do homem posicionado na seção central direita, criando tensão com os pontos de atração que permanecem vazios.

R Relevo Seco 217

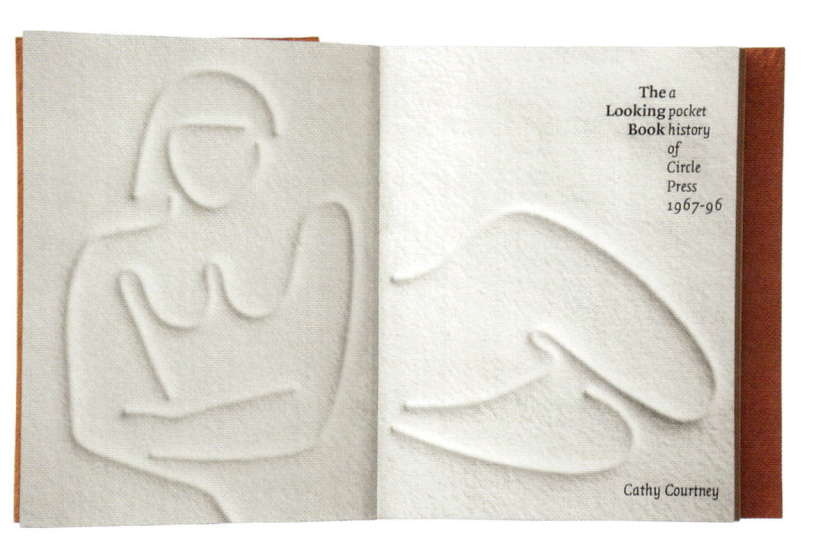

Desenho estampado em um suporte, sem tinta, para dar uma sensação de relevo.

As páginas duplas criadas pelo estúdio de design Thomas Manss & Company para a Circle Press apresentam um alto-relevo de um nu feminino reclinado, conferindo um elemento tátil e uma sensação de beleza escultural ao livro.

ver Baixo-relevo, 35

R Reserva de Cor Especial

Páginas de uma publicação que serão impressas com uma cor especial ou verniz, conforme indicado pela codificação de cores no plano de imposição. O uso de diferentes tipos de papéis pode ser mostrado no plano de imposição da mesma maneira.

Abaixo, um manual criado pelo NB Studios para a Tate Modern. A reserva de cor especial é restrita aos cadernos que são impressos em papel branco de alto brilho e estes são intercalados entre os cadernos de papel offset colorido, impressos em preto e branco para criar sensações táteis contrastantes.

ver Plano de Imposição, 200

R Resolução

Quantidade de informações contida em uma imagem digital. Quanto mais alta a resolução, mais informações a imagem contém e, portanto, mais detalhada ela é. Uma resolução mais alta permite que uma imagem seja reproduzida em formato maior sem mostrar perda de informações. A resolução é medida em pontos por polegada (DPI), pixel por polegada (PPI) ou linhas por polegada (LPI). Esses valores referem-se a quantos pontos, pixels ou linhas por polegada serão impressos.

10ppi   40ppi   70ppi   100ppi   130ppi   160ppi   190ppi   230ppi   250ppi   280ppi   300ppi

Acima, a imagem foi apresentada com resoluções diferentes para destacar a perda de informações que ocorre quando a resolução da imagem fica abaixo de 300ppi.

☛ *ver* DPI; PPI & LPI, 86

R Reticências

News Gothic possui reticências quadradas...

... já Baskerville apresenta uma versão redonda

Sinal de pontuação formado por uma série de três pontos, usado no texto para indicar uma omissão ou instrução incompleta, como ao contrair uma citação. Do latim *reticere*, que significa "calar-se". Um sinal de reticências verdadeiro tem pontos mais próximos do que reticências geradas por três pontos-finais e, por ser um único caractere, não poderá ser dividido como a versão gerada. Os pontos podem ser quadrados ou redondos dependendo da fonte.

R Reto & Verso

Ao examinar as páginas de um livro aberto, o reto é a página direita e o verso é a página esquerda. Esses termos originam-se do latim (foli) rect, que significa "página direita" e vers (foli), que significa "com a página virada".

R Retórica

YOU ARE NEEDED NOW

JOIN THE ARMY NURSE CORPS

APPLY AT YOUR RED CROSS RECRUITING STATION

Linguagem utilizada para agradar ou persuadir ou quando o estilo é mais importante do que a mensagem. Aplicada às imagens, a retórica é utilizada para causar uma reação no público, geralmente pela emotividade da mensagem, como nesse pôster que data da Segunda Guerra Mundial. Ele faz um apelo direto às mulheres e transmite um sentido de urgência associado a uma imagem otimista, esperançosa e pensativa.

R Revelação 223

Apresentação das informações de um design de maneira gradual por meio da manipulação da estrutura física ou do formato do projeto. As imagens abaixo mostram uma publicação criada pelo estúdio Sagmeister Inc. contida em um estojo transparente. O plástico colorido serve para filtrar a parte vermelha do design da capa do livro (o observador vê uma imagem de um cão calmo, impressa em verde). A remoção do estojo revela a impressão vermelha e a natureza agressiva do cão.

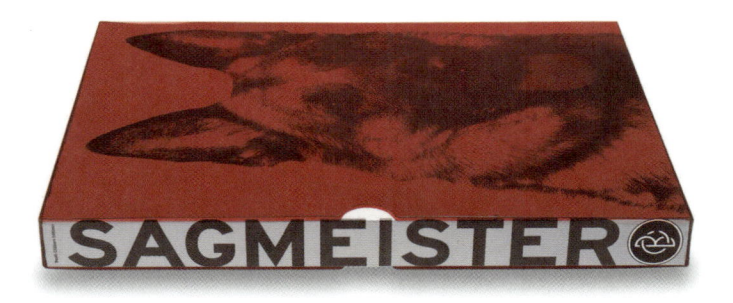

R RGB

Vermelho (Red – R), verde (Green – G) e azul (Blue – B) são as cores primárias aditivas que produzem a luz branca quando combinadas. O olho contém receptores que reagem a essas cores aditivas formando as imagens que vemos. Em uma impressão a quatro cores, as primárias aditivas são reproduzidas utilizando primárias subtrativas CMYK. Os elementos RGB que formam as imagens podem ser vistos na imagem tirada da tela de uma televisão mostrada abaixo.

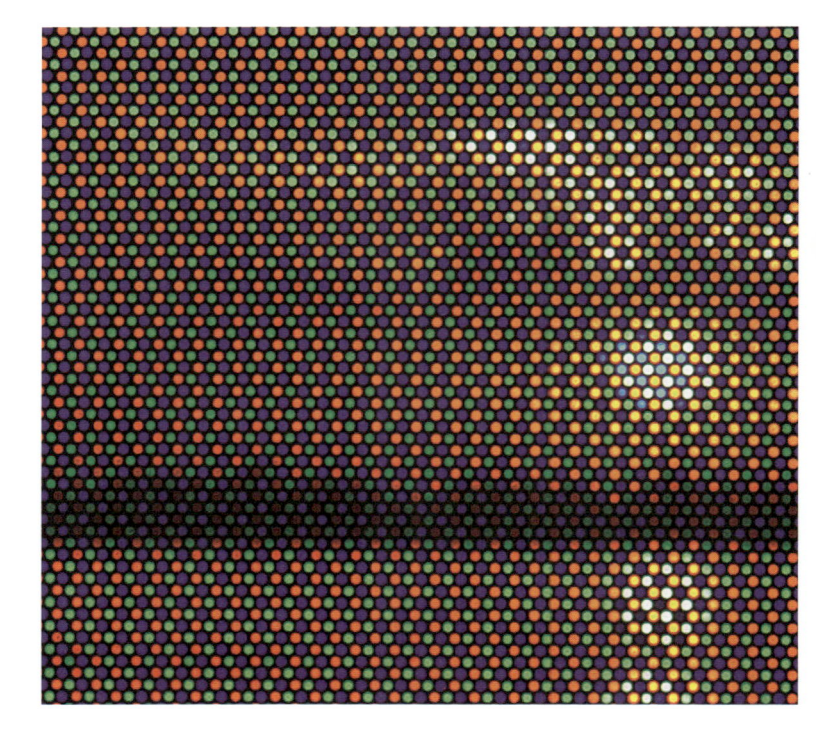

ver Cores Primárias Aditivas & Subtrativas, 63; CMYK, 51

R Ruído

Degradação aleatória e não interferente da qualidade da imagem digital. Frequentemente utilizado para reproduzir a granulação do filme fotográfico a fim de dar um aspecto arenoso a uma imagem. O ruído adiciona um elemento rústico e espontâneo a uma imagem, sugerindo imediatismo, o que contrasta com o refinamento das imagens de revistas de moda e belas-artes.

ver Grão, 130

S Sangrado

```
Project1   11/2/06   1:39 pm   Page 1
```

Refere-se às informações que se estendem além do ponto em que a página será refilada e permite que as cores ou imagens continuem até a extremidade da página cortada.

As marcas de corte impressas em torno da imagem mostram onde a página será cortada.

A imagem precisa se estender pelo menos 3 mm além das marcas de corte para assegurar que, quando as páginas forem cortadas, a imagem sangre para fora da página.

Contudo, esses 3 mm extras não são necessários na borda interna da encadernação*, uma vez que qualquer sangrado nesse local não será percebido devido à encadernação.

* Esta é a borda interna da encadernação

S Saturação 227

Variação de cores do mesmo brilho tonal, de nenhuma cor a uma cor pura. A saturação é uma medida da intensidade, pureza ou quantidade de cinza em relação ao tom.

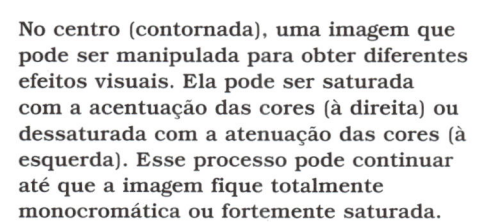

No centro (contornada), uma imagem que pode ser manipulada para obter diferentes efeitos visuais. Ela pode ser saturada com a acentuação das cores (à direita) ou dessaturada com a atenuação das cores (à esquerda). Esse processo pode continuar até que a imagem fique totalmente monocromática ou fortemente saturada.

☞ *ver* Matiz, 163; Monocromático, 174

S Seção Áurea

A

B

C

D

E

Proporção aproximada de 8:13. Antigamente, acreditava-se que essa medida representava relações de beleza perfeita. A seção áurea é a base de alguns formatos de papel devido às proporções harmoniosas que ela fornece, e os seus princípios podem ser utilizados para criar composições equilibradas.

A ilustração ao lado mostra os passos para desenhar uma seção áurea. Comece com um quadrado (A) e divida-o ao meio verticalmente (B). Depois, forme um triângulo isósceles (C) desenhando linhas a partir dos cantos inferiores até os cantos superiores da bissetriz. Estenda um arco a partir do ápice do triângulo até a linha de base (D) e desenhe uma linha perpendicular à linha de base a partir do ponto em que o arco a intersecciona. Complete o retângulo para formar uma seção áurea (E).

ver Sequência de Fibonacci, 233

S Seleções do Disco de Cores 229

Discos de cores podem ser desenhados para qualquer sistema de cores (como CMYK ou RGB). Eles são utilizados por artistas, designers e outros profissionais de criação para orientar a mistura de cores.

Monocromático
Uma única cor no disco.

Complementares
Cores diametralmente opostas no disco de cores. Elas fornecem um contraste forte, o que resultará em um design mais vibrante. Também chamadas cores contrastantes.

Complementos divididos
Formados por três cores: a cor principal selecionada e duas cores que são adjacentes à cor complementar da cor selecionada.

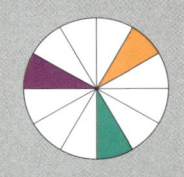

Tríades
Três cores equidistantes no disco de cores. Como as três cores contrastam entre si, isso cria uma tensão visual. Os espaços de cores primárias e secundárias são tríades.

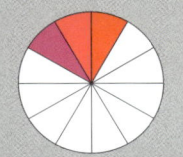

Análogas
As duas cores de ambos os lados da cor principal selecionada e que proporcionam uma mesclagem harmoniosa e natural.

Complementos mútuos
Tríade de cores equidistantes mais a cor complementar da cor central entre as três.

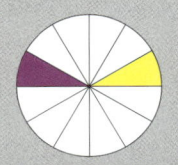

Complementos adjacentes
Cor adjacente à cor complementar da cor principal selecionada.

Complementos duplos
Duas cores adjacentes e os seus dois complementos.

ver CMYK 51; RGB, 224

S Semáfora

230

Sistema de envio de mensagens ou comunicação curta movimentando os braços, duas bandeiras ou duas varas em certas posições de acordo com um código alfabético.

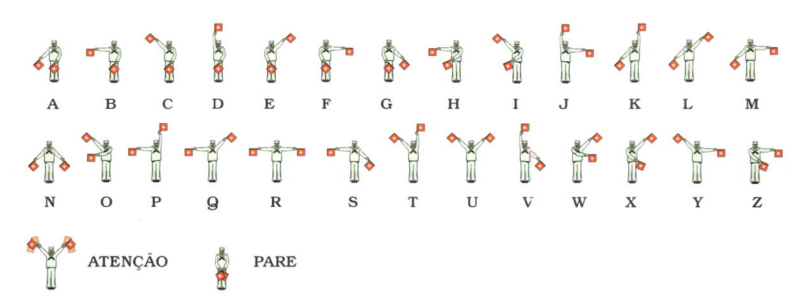

ATENÇÃO   PARE

Mensagens curtas também podem ser enviadas utilizando o Código Internacional de Navegação Marítima. Nesse sistema, cada letra do alfabeto e os numerais de 0 a 9 são representados por uma bandeira multicolorida (mostradas abaixo).

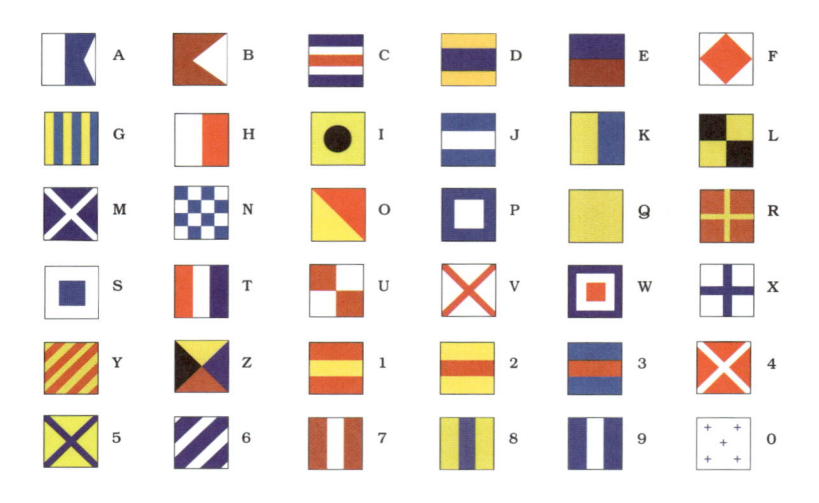

S Semiótica 231

Estudo dos sinais. A semiótica oferece uma explicação sobre como as pessoas extraem significados das palavras, sons e imagens. Ela tem três classificadores: o sinal, o sistema e o contexto. Um sinal fornece informações a partir de um conteúdo, o sistema no qual opera (por exemplo, um esquema de placas de trânsito) e o contexto no qual ele está inserido (como um equipamento móvel próximo). Muitas obras de arte e projetos de design incluem referências ou sinais simbólicos que comunicam múltiplos níveis de informação.

O sinal → O objeto → O usuário

(o significante) (o significado) (a pessoa que interpreta o significante)

A semiótica depende da cultura, uma vez que diferentes culturas atribuirão valores distintos às imagens, palavras e cores utilizadas em um sinal. Acima, a série de cruzes demonstra que não há uma maneira única e genérica de interpretar uma cruz. A interpretação dependerá do contexto cultural.

ver Significante & Significado, 236

S Sépia

Pigmento ou tinta marrom-escura produzida a partir de um choco (Sepia officinalis, um tipo de molusco) particularmente associado a ilustrações e fotografias do século XIX e começo do século XX. Atualmente, uma tonalidade de sépia pode ser facilmente aplicada digitalmente com um filtro, produzindo imagens que transmitem uma sensação histórica ou nostálgica.

☛ ver Filtros, 114

S Sequência de Fibonacci

Série numérica onde cada número é a soma dos dois números precedentes na sequência. A sequência de Fibonacci é uma homenagem ao matemático Fibonacci, ou Leonardo de Pisa, que observou essa ordem nas proporções do mundo natural. Números da sequência de Fibonacci são utilizados na seção áurea para produzir formatos de página proporcionalmente belos.

A ilustração mostra uma espiral de Fibonacci, que pode ser criada desenhando quartos de círculo ao longo de uma série de quadrados de Fibonacci. A relação dos lados dos quadrados é de 8:13, que são dois números consecutivos na sequência.

0+1=1
1+1=2
1+2=3
2+3=5
3+5=8
5+8=13
8+13=21
13+21=34
21+34=55
34+55=89
55+89=144
89+144=233...

ver Seção Áurea, 228

S Serifa & Sem Serifa

Prolongamento de um traço vertical ou horizontal de uma letra que auxilia a leitura direcionando os olhos do leitor ao longo de uma linha do texto. Os principais tipos de serifa são ilustrados abaixo. As serifas também são utilizadas como uma classificação das fontes que contêm remates decorativos arredondados, pontiagudos, quadrados ou espessos. Uma fonte sem serifa é uma fonte sem esses detalhes decorativos e que geralmente tem pouca variação na espessura do traço, uma altura x maior e nenhuma inclinação de eixo.

Serifa curva grossa

As serifas grossas são ligadas por junções arredondadas e sutis.

Serifa curva

Uma serifa com junções quase imperceptíveis.

Serifa reta

Uma serifa padrão sem junções.

Serifa reta grossa

Uma serifa grossa sem junções.

Serifa triangular

A serifa é desenhada como uma cunha em vez da típica forma retangular ou linear.

Serifa fina

Uma serifa de traço perfeito sem junções.

Serifa indefinida

Serifas arredondadas que parecem "desfocadas".

☛ *ver* Anatomia de Tipos, 27; Altura x, 25

S Serigrafia

Método de impressão de baixo volume em que uma tinta viscosa atravessa uma tela de tecido, plástico ou metal contendo uma imagem ou grafismo, que é gravado em um suporte. Embora seja um método de impressão relativamente lento e caro, a serigrafia permite que imagens sejam aplicadas a uma ampla variedade de suportes, inclusive tecido, cerâmica e metais. A tinta viscosa utilizada também cria uma superfície de alto-relevo que adiciona uma sensação tátil ao trabalho. Acima, a imagem criada pelo estúdio de design The Kitchen e por Kate Gibb para a Levi's, um fabricante de jeans.

S Significante & Significado 236

Significante
Imagem ou design que representa visualmente uma ideia, item ou elemento.

Significado
Ideia, item ou elemento que é visualmente representado por uma imagem ou design.

cachimbo

As coisas nem sempre são o que parecem no design gráfico. É importante lembrar que há uma distinção clara entre um trabalho visual e o que ele representa. Esse ponto foi muito bem ilustrado pelo surrealista René Magritte na sua obra *Le Trahison des Imagens* (A traição das imagens), de 1928-29, que mostra um cachimbo sob o qual está escrito "ceci n'est pas une pipe" (isto não é um cachimbo). O que Magritte quis dizer é que, embora a pintura apresentasse um cachimbo, ela era na verdade uma representação de um cachimbo, nada mais.

ver Semiótica, 231

S Silhueta   237

Representação do contorno de uma imagem contra um fundo contrastante. Por apresentar poucos detalhes, uma silhueta pode ser utilizada para mostrar uma imagem mais forte e mais definida de um objeto. Uma silhueta também pode ser empregada para obscurecer as origens do objeto a fim de criar uma sensação de mistério.

s Símbolos

Elementos pictóricos que comunicam um conceito, ideia ou objeto.

Placas de trânsito são símbolos, pois contêm imagens ou desenhos que têm um significado definido. Uma barra branca contra um círculo vermelho é universalmente entendida como entrada proibida. Alguns sinais de trânsito contêm símbolos icônicos, como a luz amarela de um semáforo. O uso de um elemento icônico ajuda na compreensão, visto que apresenta uma imagem simplificada de um objeto físico.

letras são símbolos

Letras são símbolos que representam os sons que utilizamos para formar palavras.

Bandeiras são símbolos que representam diferentes países, áreas geográficas ou organizações. Embora as cores e/ou imagens apresentadas pelas bandeiras possam ter conotações históricas ou mitológicas, elas frequentemente estão associadas a características físicas do lugar que a bandeira representa.

S Simetria 239

Grid ou layout em que a frente e o verso das páginas espelham uma a outra. Esta ilustração mostra um layout de página com a mesma largura tanto para as margens internas como para as externas das duas páginas, o que cria um visual mais equilibrado para a página dupla.

ver Assimetria, 33

S Sinédoque

Substituição de um termo abrangente por um mais restrito. O tema principal, por exemplo, pode ser substituído por algo relacionado a ele que seja mais fácil de entender. Essa substituição funciona somente se aquilo que a sinédoque representa é universalmente reconhecido e entendido, e não interpretado ao pé da letra. A capacidade de referir-se a algo por meio de um dispositivo visual permite que um designer comunique uma ideia de maneira clara e irrestrita. A impressão digital do polegar, por exemplo, pode ser utilizada como uma sinédoque para uma pessoa, uma identidade ou um crime.

ver Metáfora, 169; Metonímia, 170

S Sistema de Numeração de Frutiger 241

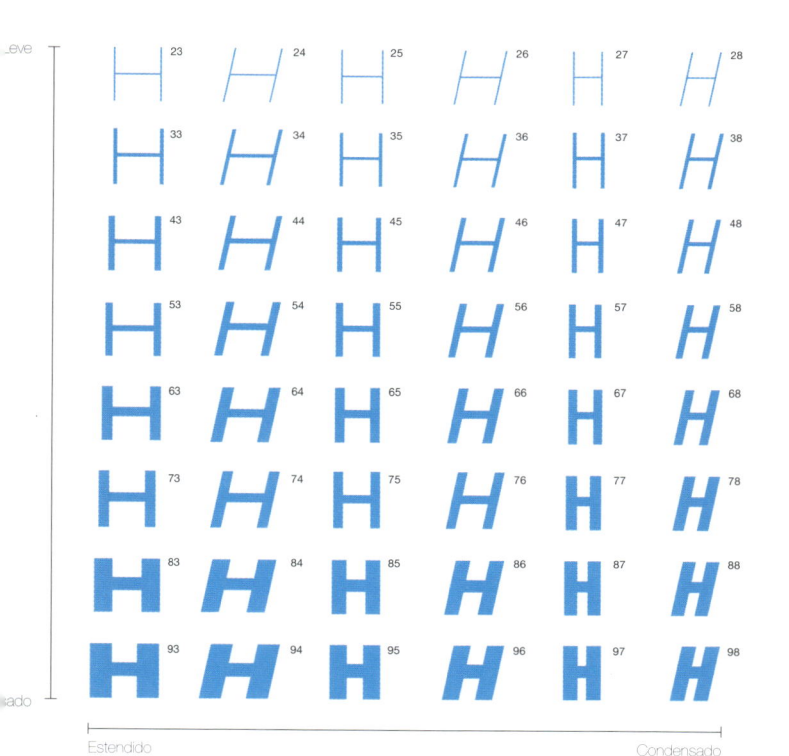

Leve

23	24	25	26	27	28
33	34	35	36	37	38
43	44	45	46	47	48
53	54	55	56	57	58
63	64	65	66	67	68
73	74	75	76	77	78
83	84	85	86	87	88
93	94	95	96	97	98

Estendido ———————————————————— Condensado

Sistema de numeração de fontes desenvolvido por Adrian Frutiger para identificar a largura e o peso de uma família tipográfica. A apresentação em diagrama desse sistema fornece uma visualização ordenada e homogênea das relações visuais entre peso e largura, o que permite uma seleção de fontes harmoniosa.

Helvetica 25   **Helvetica 95**

☞ *ver* Itálico & Oblíquo, 147; Tipos & Fontes, 255

S Sistemas de Cores

Pantone
O PMS (Pantone Color Matching System – Sistema de reprodução de cores Pantone) é utilizado para reproduzir uma cor exata nos processos de impressão CMYK e Hexachrome, permitindo aos designers "combinar" cores específicas por meio do uso de guias de cor Pantone. O PMS compreende um sistema de referência para um gamut de cores que podem ser reproduzidas pela combinação de várias quantidades das tintas da cor de seleção. Cores Pantone também podem ser aplicadas como cores especialmente misturadas.

Hexachrome
Processo de seis cores criado pela Pantone em 1994 que produz roxos, verdes, laranjas e tons de pele mais eficazes para obter cores exatas, vibrantes e saturadas. O sistema Hexachrome adiciona laranja e verde às cores de escala CMYK padrão e pode reproduzir 90% das cores Pantone.

CMYK
Processo de quatro cores que utiliza as três cores primárias subtrativas tricromáticas (ciano, magenta e amarelo) e preto para reproduzir imagens em cores. O CMYK pode reproduzir aproximadamente 50% das cores Pantone.

RGB
Vermelho (Red), verde (Green) e azul (Blue) são as cores primárias aditivas que correspondem às cores primárias da luz. Designers gráficos costumam utilizar imagens RGB na fase de desenvolvimento de seus trabalhos, pois imagens com três canais de cor resultam em um arquivo menor do que aquele com quatro canais (CMYK). Os arquivos RGB são então convertidos em CMYK no final do projeto.

Lab
Modelo de cor desenvolvido pelo International Consortium on Illumination que define os valores das cores matematicamente para facilitar a reprodução consistente de cores, independentemente do dispositivo que as produz. Os sistemas de espaço de cores RGB e CMYK não definem cores como tais, mas oferecem uma receita para mistura de luzes ou tintas.

Cores de 8 e 16 bits
Sistemas de cores de 8 e 16 bits utilizados para armazenar informações de imagens coloridas em um arquivo de computador, ou arquivo de imagem. No sistema de 8 bits, cada pixel é representado por um byte de 8 bits, o que fornece uma exibição máxima de 256 cores (selecionadas a partir de uma paleta muito mais ampla). Cores de 16 bits permitem que até 65.536 cores sejam exibidas.

Leque da escala de cores Pantone

S Sobrescritos

4TH

Gerado

4TH

Verdadeiro

Caracteres de texto alinhados com a linha ascendente, utilizados para indicar notas de rodapé e partes de notações científicas. Usar caracteres romanos em um corpo reduzido pode resultar em texto ou letras com uma aparência estranha, muito grande ou mais leve do que o corpo do texto. Caracteres sobrescritos verdadeiros estão disponíveis em conjuntos de caracteres especiais. Caracteres que, em geral, são alinhados com a linha descendente são chamados subscritos.

☞ *ver* Caracteres Especiais, 46; Subscritos, 244; Altura x, 25

S Subscritos

$$H_2O$$

Gerado

$$H_2O$$

Verdadeiro

Caracteres tipográficos que, em geral, são alinhados com a linha descendente, muitas vezes utilizados como parte de notações científicas. Utilizar caracteres romanos em um corpo reduzido pode resultar em texto ou letras estranhas, muito grandes, mais leves do que o corpo do texto e posicionados sobre a linha de base. Subscritos verdadeiros se posicionam abaixo da linha de base. Subscritos gerados, porém, podem ser reposicionados com o deslocamento da linha de base.

🐖 *ver* Ascendente & Descendente, 32; Linha de Base & Deslocamento da Linha de Base, 155

S Suporte

245

Papel utilizado na impressão. Esta página foi impressa em um papel offset. Diferentes papéis têm propriedades distintas que podem afetar o resultado visual de um documento impresso, incluindo brilho, absorção e rigidez, como mostram os exemplos abaixo.

Papel-jornal
Papel de baixo custo utilizado para impressão em larga escala, mas sua alta absorção de tinta resulta em baixa qualidade na reprodução de imagens. A imagem acima mostra uma página dupla criada pelo estúdio George & Vera.

Papel não revestido
O papel mais popular para impressões comerciais e uso em escritórios. A imagem acima mostra várias peças criadas por Gavin Ambrose.

Papel couché monolúcido de alto brilho
Papel revestido com um acabamento de alto brilho para impressão em cores de alta qualidade. A imagem acima mostra uma peça promocional criada pelo estúdio Agit Prop.

Papel couché
Papel de alto brilho com uma boa superfície de impressão utilizado para impressão em cores e de revistas. A imagem acima mostra um pôster criado pelo estúdio Browns.

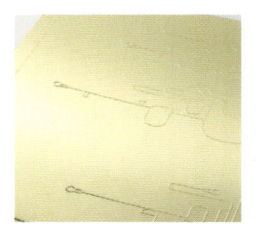

Papel-cromo
Papel revestido por uma superfície impermeável, muitas vezes utilizado para capas e rótulos. A imagem acima mostra uma brochura criada pelo estúdio MadeThought.

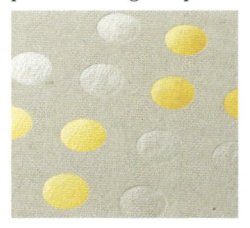

Papel-cartão de fibra reciclada
Papel-cartão revestido ou não revestido produzido a partir de papel reciclado. A imagem acima mostra uma brochura criada pelo estúdio Untitled.

S Surrealismo 246

Movimento de vanguarda do começo do século XX nas artes e na literatura. Popularizado pelo artista espanhol Salvador Dalí, o surrealismo procurava liberar o potencial criativo do inconsciente pela justaposição irracional de imagens. Uma definição popular do surrealismo é "o real, mas não contido pela realidade", que é exemplificada pelo tema do relógio derretido que Dalí repetidamente utilizou em seu trabalho; reconhecemos o objeto (o relógio), mas ele não é apresentado de uma forma comum. Acima, o pôster criado pelo estúdio George & Vera apresenta a imagem surreal de um frango em uma cesta.

 ver Dadaísmo, 69; Justaposição, 148

T Tachado

Risco no meio do texto, que marca um bloco a ser substituído. O tachado é comumente utilizado em documentos jurídicos para que o leitor possa ver como era o texto original.

ver Layout, 152

T Tapeçaria 248

Desenho pictórico complexo tecido em material têxtil. Derivado da palavra francesa tapisserie, que significa "cobrir com tapete". Atualmente, a palavra tapeçaria é utilizada para referir-se a um trabalho pictórico complexo, geralmente composto de muitas camadas ou elementos que são agrupados.

Zoovilization é uma tapeçaria na entrada do Museo de Arte Contemporánea de Castilla y Leon. A obra recria o espírito estético e conceitual da era barroca em uma trama formal e complexa inspirada no *Jardim das Delícias* de Hieronymus Bosch. O conteúdo simbólico desse trabalho refere-se a aspectos diferentes da sociedade e cultura contemporâneas com uma estética ingênua e cômica influenciada por desenhos em quadrinhos e campanhas publicitárias.

T Técnicas de Sobreimpressão 249

As técnicas de impressão sobreposta (overprint) e de reserva de cores (knockout) podem ser utilizadas para obter excelentes efeitos criativos.

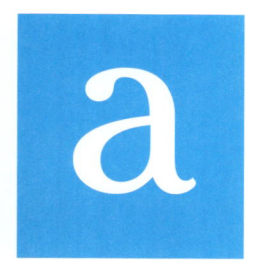

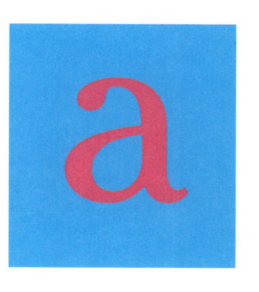

Reserva de cores (knockout)
No quadrado central na sequência acima, um espaço foi vazado na camada de tinta ciano para outra cor preencher, nesse caso, magenta. O resultado é uma letra magenta cuja cor não é modificada ou afetada pela camada de tinta ciano.

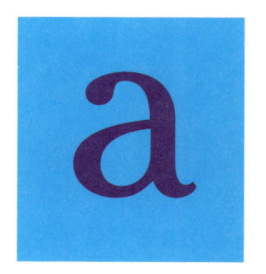

Impressão sobreposta (overprint)
Uma impressão sobreposta (overprint) produz um efeito diferente. Sem o vazado do ciano, o magenta é impresso por cima (overprint) da primeira cor, o que modifica a cor da letra.

☞ *ver* CMYK, 51; Impressão Sobreposta (Overprint), 144; Trapping, 260

T Termografia

Processo de acabamento de impressão que gera caracteres em alto-relevo. Ele é feito ao depositar pó termográfico sobre o papel impresso em offset enquanto a tinta ainda está fresca. O pó gruda na tinta fresca e se funde com ela quando o suporte passa por um forno, o que produz uma superfície em alto-relevo com uma textura característica. A imagem acima mostra um cartão de natal criado pelo SEA Design para a Lisa Pritchard Agency. Os caracteres elevados são visíveis, táteis e refletem a luz de uma maneira única.

T Texto Deitado

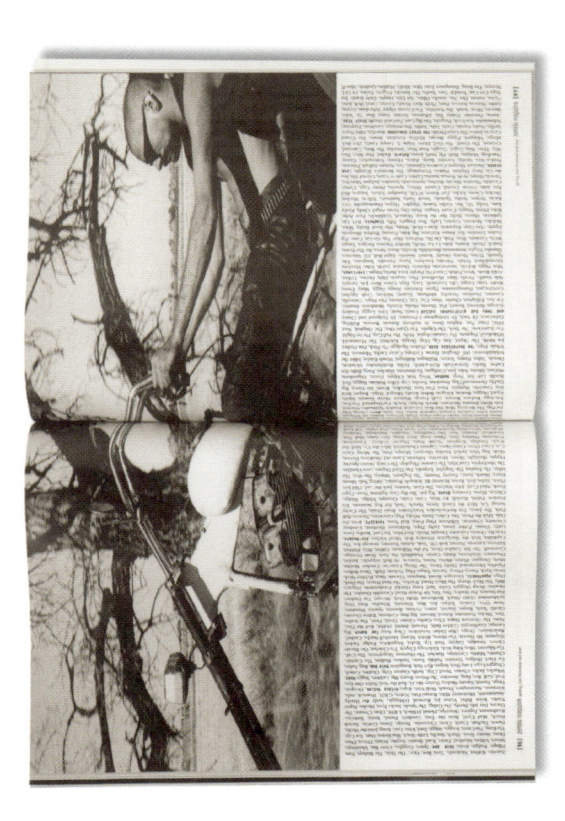

Texto girado em 90 graus em relação ao formato de uma publicação, usado para criar uma diferenciação visual ou como uma forma mais conveniente de colocar elementos de texto no formato da obra, por exemplo, tabelas numéricas. Acima, a página dupla da revista *Zembla*, criada pelo estúdio Frost Design, apresenta uma longa coluna de texto deitado.

ver Coluna, 54

T Texto Vazado 252

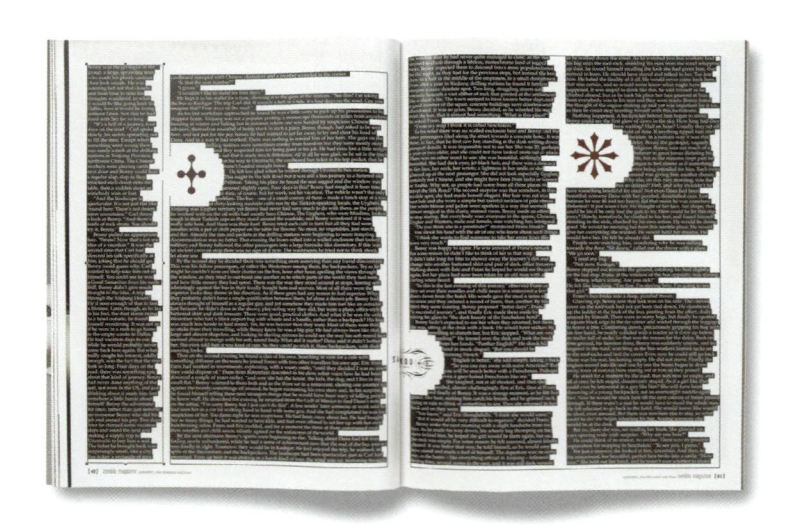

Tipos removidos de uma cor sólida. O texto vazado tem algumas limitações práticas: uma cobertura pesada de tinta pode sangrar sobre o branco do texto, principalmente quando papéis absorventes ou corpos de texto pequenos são utilizados. Esse tipo de texto cria uma ilusão ótica que reduz o tamanho aparente do tipo, portanto, talvez seja necessário aumentar o corpo ou o peso do tipo para compensar. Observe que o texto vazado é diferente de uma impressão sobreposta (overprint) ou uma impressão tom sobre tom (surprint).

Acima, a página dupla criada pelo Frost Design apresenta texto vazado em preto.

ver Impressão Sobreposta (Overprint), 144; Impressão Tom sobre Tom (Surprint), 145

T Tipografia

Método de impressão em alto-relevo em que uma superfície entintada é pressionada contra um suporte. A tipografia foi o primeiro método comercial de impressão, pois permitiu a produção de tiragens em larga escala, sendo fonte de muitos termos utilizados na indústria gráfica atual. A superfície em alto-relevo que faz a impressão é geralmente composta de tipos individuais, mas chapas fotogravadas também podem ser utilizadas. A tipografia pode ser identificada pelas bordas nítidas e precisas das letras e pela margem de tinta mais densa.

Defeitos na impressão tipográfica são atraentes para os designers contemporâneos. Quando entintadas de forma errada, as imperfeições das bordas das letras conferem-lhes uma singularidade, uma vez que cada impressão é sutilmente diferente. Esse efeito pode ser utilizado para evocar a nostalgia de uma época passada, como visto na página dupla criada pelo Frost Design, que apresenta uma imagem de um número "3" gigante tipografado. A tipografia também deixa um ligeiro relevo no papel, conferindo um elemento tátil à peça, especialmente quando um suporte mais pesado é utilizado.

☛ *ver* Suporte, 245

T Tipograma

grande

pequeno

Uso do tipo para expressar visualmente uma ideia não apenas pelo significado da palavra. Neste exemplo, a palavra "grande" é composta em um corpo grande e a palavra "pequeno", em um corpo pequeno. Contudo, um tipograma pode ser mais do que simplesmente redimensionar o texto: tipogramas convidam o leitor a decifrar a mensagem, como vemos em "multipplicccação", "adddição" e "sbtração".

T Tipos & Fontes

Fonte é o meio físico de produzir um tipo, seja sua descrição em código de computador ou seu molde a partir de um filme litográfico, metal ou madeira. Os termos fonte e tipo são muitas vezes utilizados de forma equivocada; mas uma maneira fácil de lembrar da aplicação correta de cada um é pensar na fonte como um cortador de biscoitos e no tipo como o biscoito que é produzido.

Fonte

Meio físico para produzir um tipo. Atualmente, o termo é mais usado para referir um conjunto de tipos de um determinado tamanho e face.

Tipo

Caracteres, números, símbolos e pontuação que têm o mesmo estilo em um conjunto. Um determinado design de tipo.

Ao lado, uma máquina de escrever cujas teclas constituem uma fonte, isto é, o meio físico de imprimir letras em um suporte. As letras produzidas são tipos.

Isto não é uma <u>fonte</u>, é um <u>tipo</u>.

T Tonalidades 256

Tonalidade de uma cor que foi diluída com branco. A quantidade de branco utilizada pode variar a fim de produzir diferentes tonalidades da cor. Três primárias subtrativas podem produzir 1330 tonalidades, o que aumenta para quase 15.000 quando o preto é adicionado. Certos formatos de arquivo digital, como bitmap e TIFF, permitem alterar as cores de primeiro e segundo planos separadamente. Em baixos valores de tonalidade (como os mostrados abaixo), as cores podem ser difíceis de reproduzir.

1%	2%	3%	4%	5%	6%	7%	8%	9%	10%
1%	2%	3%	4%	5%	6%	7%	8%	9%	10%
1%	2%	3%	4%	5%	6%	7%	8%	9%	10%
1%	2%	3%	4%	5%	6%	7%	8%	9%	10%

ver Bitmap, 37; Formatos de Arquivo, 118

T Traço (Line Art) 257

Imagem monocromática desenhada apenas com linhas e sem preenchimento de cor ou sombreamento. Uma imagem a traço reduz o design às informações essenciais sem distrações.

Acima, uma ilustração a traço em preto e branco criada pelo estúdio Vasava Artworks para a capa da revista *Uno*, que foi parcialmente colorida para destacar alguns elementos.

ver Ilustração, 141

T Traço à Mão Livre

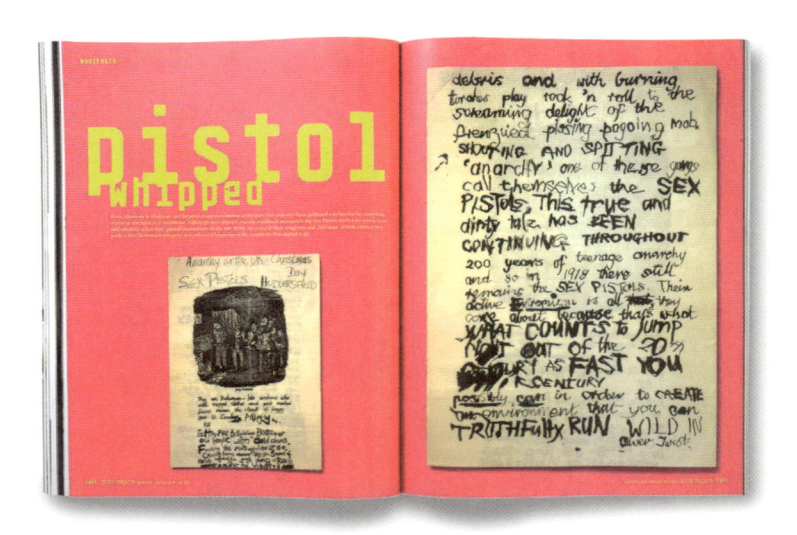

Meio de criar texto ou uma imagem manualmente. O traço à mão livre é uma maneira de adicionar uma característica de intuição e imediatez a um projeto. A página dupla mostrada acima, criada pelo Frost Design para a revista *Zembla*, apresenta um painel desenhado à mão com letras rabiscadas, o que invoca a época da música e dos fanzines punk.

ver Ilustração, 141; Linoleogravura, 156; Tipos & Fontes, 255

T Transparência

Imagem ou ilustração que pode ser vista pelo outro lado do papel em que foi impressa. A transparência ocorre quando materiais finos e translúcidos são utilizados. A imagem mostra um papel timbrado criado pela The Vast Agency em suporte de baixa gramatura em que uma das metades do nome da empresa é uma impressão tom sobre tom (surprint) enquanto a outra metade é vazada pela cor de preenchimento no verso do papel.

ver Cor de Preenchimento, 60; Suporte, 245; Impressão Tom sobre Tom (Surprint), 145

T Trapping

Processo utilizado para garantir o registro exato das cores pelo uso de impressão sobreposta (overprint) ou reserva de cores (knockouts). O trapping com uma impressão sobreposta (overprint) cria uma pequena sobreposição de diferentes elementos coloridos, a fim de evitar que espaços em branco apareçam no ponto em que eles devem se encontrar. Isso também pode ser obtido com a reserva de cores (knockout), que é um espaço deixado nas camadas de tinta inferiores para que qualquer imagem impressa sobre elas apareça sem modificação de cor ou espaços visíveis. Como o registro nunca é totalmente preciso, a camada de tinta impressa sobre a área vazada precisa sobrepor um pouco as áreas adjacentes para evitar que os espaços em branco apareçam.

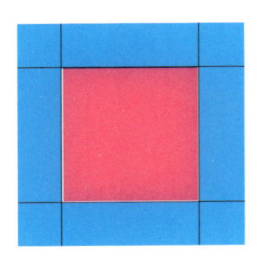

Alinhar as chapas de impressão para evitar espaços em branco é praticamente impossível sem o uso de obstrução (choke) ou espalhamento (spread). A imagem acima não foi ajustada e um espaço em branco pode ser visto entre as duas cores.

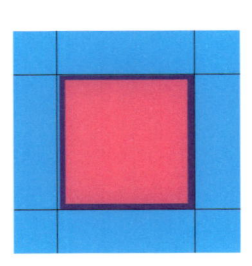

A obstrução reduz o tamanho do vazado a fim de torná-lo menor que o objeto, o que garante que nenhum espaço em branco fique visível, como mostrado acima.

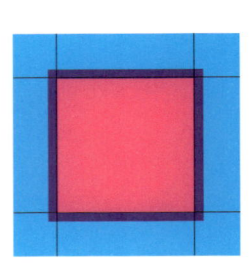

O espalhamento aumenta o objeto para que ele preencha uma área maior do que a reservada, o que também evita o aparecimento de espaços em branco.

☞ *ver* Técnicas de Sobreimpressão, 249; Impressão Sobreposta (Overprint), 144; Registro, 215

T Tritone

Imagem tonal produzida utilizando-se preto e duas das cores primárias subtrativas. Uma imagem tonal é semelhante a uma fotografia em preto e branco em que os tons de branco foram substituídos por uma, ou uma combinação, das outras cores da escala CMYK. Duotones utilizam dois tons; tritones, três; e quadritones, quatro.

O tritone à esquerda utiliza amarelo misturado com vermelho e preto para criar uma imagem quente e nítida. A foto à direita utiliza cores mais pálidas do espectro, criando um efeito nebuloso.

ver Duotone, 87; Quadritone, 209

T Trompe L'Oeil 262

Técnica artística que faz com que o olho humano veja algo que não existe em uma imagem.

As imagens abaixo foram pintadas em uma parede.
As sombras das árvores, do homem, da mulher e suas respectivas composições e escalas naturais e realistas fazem com que, à distância, sejamos levados a ver essa representação como uma realidade.

TROMPE
L'OEIL

V Vernáculo 263

Linguagem diária por meio da qual um grupo, comunidade ou região se comunica. Designers recorrem ao vernáculo incorporando itens "urbanos" (como placas de trânsito), gírias e outras formas de comunicação da cultura popular de diferentes comunidades e locais.

Esta página foi composta em Template Gothic, uma fonte vernacular.

☞ ver Tipos & Fontes, 255

V Verniz

Revestimento de goma-laca líquida ou de plástico adicionado a uma parte impressa depois da passagem da tinta final a fim de melhorar a aparência, textura ou durabilidade selando a superfície. Um verniz pode dar um acabamento brilhante, acetinado ou fosco, e também pode ser colorido.

O verniz pode ser aplicado em máquina ou úmido como uma quinta ou sexta cor em uma impressão. À medida que a tinta e o verniz secam, eles são absorvidos pelo papel, o que diminui o impacto do verniz. O revestimento off-line aplica o verniz como uma passagem separada depois que a tinta secou e resulta em maior brilho, pois menos verniz é absorvido pelo papel. Acima, a brochura criada pelo estúdio Blast mostra o efeito sutil de um verniz colorido.

ver Verniz de Reserva, 265

V Verniz de Reserva 265

Verniz aplicado com uma chapa separada de impressão para destacar áreas específicas de um trabalho. Acima, o projeto do estúdio MadeThought apresenta uma padronagem impressa com um verniz aplicado sobre um papel fosco.

☞ *ver* Verniz, 264

V Versalete

LETRAS MAIÚSCULAS especificamente criadas em um tamanho menor do que as letras maiúsculas normais de uma fonte, comumente utilizadas para especificar um acrônimo (por exemplo, NASA) a fim de não destacar a palavra no corpo do texto. Por terem sido especificamente projetados, os versaletes têm várias vantagens em relação às letras maiúsculas "falsas" geradas por computador e, assim, permitem um controle tipográfico maior em um projeto gráfico.

VERSALETES REAIS são desenhados com pesos de linha proporcionalmente corretos, podendo ser utilizados no corpo do texto sem parecerem estranhos.

VERSALETES FALSOS ajustam o tamanho do caractere, mas não a largura, e fornecem uma letra maiúscula com uma aparência leve que não se mistura harmoniosamente com o texto adjacente.

V Vértice

Ponto formado sobre um caractere, como o "A", onde as hastes esquerda e direita se cruzam.

ver Anatomia de tipos, 27

V Vetor

Imagem que contém muitos objetos individuais e escalonáveis definidos por fórmulas matemáticas. A imagem vetorial pode ser mostrada em qualquer tamanho, pois não depende de resolução, mas não é adequada para reproduzir tons sutis e contínuos de fotografias.

V Vinhetagem

Efeito usado para destacar ou isolar a parte central de uma imagem. Imagens com vinhetagem apresentam bordas indefinidas.

V Viúvas, Órfãs & Forca

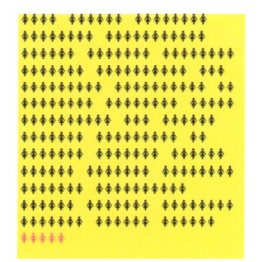

Viúva
Palavra isolada no final de um parágrafo ou coluna de texto. A coluna de texto à esquerda tem uma viúva destacada em vermelho. Geralmente, o texto alinhado à esquerda cria menos viúvas, mas eliminá-las exige que o texto seja condensado em linhas anteriores ou estendido para preencher a linha.

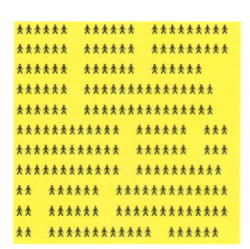

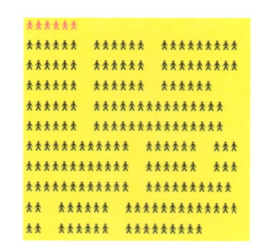

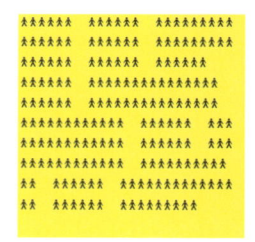

Órfãs
Uma ou duas linhas finais de um parágrafo separadas do restante do parágrafo no ponto em que ele quebra para formar uma nova coluna. Órfãs devem ser evitadas. A coluna de texto acima tem uma órfã destacada em vermelho. Geralmente, a eliminação de órfãs exige que o texto seja condensado em linhas anteriores ou estendido para preencher a linha, embora frequentemente seja necessário mais texto para resolver o problema.

Forca
Viúva hifenizada que deixa meia palavra em uma linha. A coluna de texto à direita apresenta uma viúva destacada em vermelho. As forcas são comumente vistas em textos justificados em que a hifenização de palavras é permitida. Hifens podem ser removidos condensando o texto nas linhas anteriores, estendendo-o para preencher a linha ou desativando a hifenização.

Z Zeitgeist

Zeitgeist

Tendências morais e intelectuais de uma dada época. Do alemão "zeit" (tempo) e "geist" (espírito), o significado literal desse termo é espírito do tempo. Moda, arte e design estão sujeitos ao zeitgeist, e ele se reflete em tudo, na escolha de cores, na altura da saia, na tipografia e em outras referências de estilo. Dessa maneira, certas peças, imagens ou fontes parecem pertencer a uma determinada era. Saiba, porém, que as aparências enganam: à primeira vista, esta fonte, Cooper Black (uma fonte fantasia com serifa grossa), tem uma aparência de anos 1970, mas na verdade ela foi projetada em 1921 por Oswald Cooper, um homem à frente do seu tempo!

Detalhes

Linha do Tempo

1476
A prensa de impressão
O mercador e diplomata inglês William Caxton introduziu a primeira prensa de impressão na Inglaterra, em 1476. Entre as realizações creditadas a Caxton estão a padronização da língua inglesa pela homogeneização dos dialetos regionais por meio da palavra impressa, o que também ajudou a expandir o vocabulário.

1447
Tipo móvel
Johannes Gutenberg (1398-1468) inventou a tecnologia da impressão em tipo móvel em 1447 com uma prensa semelhante em design àquelas utilizadas em Rhineland, na Alemanha, para produzir vinho. Esse avanço revolucionário permitiu a produção em massa de livros a um custo relativamente baixo, o que possibilitou a explosão de informações ocorrida na Europa Renascentista.

1799
A pedra de Roseta
Esculpida em 196 a.C. com uma inscrição em hieróglifos egípcios, demóticos e gregos, foi encontrada perto de Roseta, em 1789. Os três manuscritos do mesmo texto foram importantes na decifração dos hieróglifos.

1840
Penny Black
Criado por Rowland Hill, o primeiro selo postal do mundo, o Penny Black, foi emitido em 1840 como parte das reformas do serviço postal britânico, e foi um meio de possibilitar o pagamento da entrega de cartas antes da mesma ser efetuada. Esse selo apresentava o perfil da rainha Victoria, monarca da época, e letras nos cantos inferiores, chamadas de linhas e colunas, que indicavam as posições do selo na folha impressa, por exemplo, "a", "AB" ou "GD", como mostrado aqui.

1851
The Great Exibition
Realizada no Hyde Park, em Londres, entre maio e outubro de 1851 e no ápice da Revolução Industrial, The Great Exibition foi uma vitrine para eventos da cultura e da indústria e celebrou a tecnologia e o design industrial. Essa exposição aconteceu dentro de uma estrutura de vidro e ferro fundido, mais conhecida como Palácio de Cristal, projetado por Joseph Paxton.

1886
Linotipo
Inventado por Ottmär Mergenthaler em 1884, a máquina de fundição de linha produzia um lingote metálico que continha uma única linha de texto. Os caracteres eram introduzidos utilizando-se um teclado não muito diferente de uma máquina de escrever. A máquina montava matrizes de caractere em latão em uma linha, que posteriormente eram fundidas.

1886
Monotipo
Tolbert Lanston desenvolveu um método mecânico de composição a partir de matrizes metálicas frias, que eram fundidas em Washington, EUA. Em 1896, Lanston patenteou o revolucionário fundidor de monotipo. Ele fundia letras individuais em chumbo e as compunha em uma página. Isso permitiu que as correções fossem feitas no nível dos caracteres em vez de ser necessário refundir uma linha inteira, como era o caso com o linotipo.

1892
Aristide Bruant, Toulouse-Lautrec
Henri Toulouse-Lautrec, pintor francês pós-impressionista e ilustrador art nouveau, retratou a atmosfera prolífica da Paris no final do século XIX em pinturas e pôsteres que expressavam uma compaixão profunda pela humanidade. Embora a litografia tenha sido inventada na Áustria por Alois Senefelder, em 1796, Toulouse-Lautrec ajudou a realizar a fusão bem-sucedida entre arte e indústria.

1896
Simplicissimus
Thomas Theodor Heine (1867-1948), outro adepto da litografia, foi cofundador e desenhista de ilustrações de capa para a revista satírica alemã *Simplicissimus*. As capas de Heine combinavam o conteúdo impetuoso e politicamente ousado com um estilo gráfico moderno.

1850
Revolução Industrial
A segunda de duas fases de uma importante mudança tecnológica, socioeconômica e cultural iniciada no final do século XVIII na Grã-Bretanha. A economia baseada no trabalho manual foi substituída por uma dominada pela indústria e a mecanofatura. A segunda fase começou por volta de em 1850 e viu o surgimento da indústria de impressão mecânica e sua consequente demanda por tipos.

1910
Modernismo
O modernismo foi modelado pela industrialização e urbanização da sociedade ocidental. Os modernistas afastaram-se do zeitgeist rural e provincial, predominantes na era vitoriana, rejeitando seus valores e estilos em favor do cosmopolitismo. Funcionalidade e progresso tornaram-se preocupações-chave nas experimentações que procuravam ir além da representação física da realidade, em uma luta para definir o que deveria ser considerado "moderno".

1916
Johnston Underground
Essa extraordinária fonte sem serifa foi criada por Edward Johnston para uso na sinalização do metrô de Londres. Originalmente chamada Underground, ela também era conhecida como Johnston e Johnston's Railway Type, e tem como característica um "g" de dois níveis.

1916
Dadaísmo
Movimento artístico e literário (1916-23) criado após a Primeira Guerra Mundial que buscava descobrir uma realidade autêntica por meio da abolição de formas estéticas e cultura tradicionais. O dadaísmo trouxe novas ideias, materiais e direções, mas com pouca uniformidade. Seus princípios eram irracionalidade deliberada, anarquia e cinismo, e a rejeição das leis da beleza. Os dadaístas viviam o momento e para o momento. A imagem acima mostra a capa da primeira edição da revista *Dada*, publicada em Zurique, em 1917, e editada por Tristan Tzara.

1916
De Stijl
Palavra holandesa para "estilo", De Stijl foi um movimento de arte e de design que se desenvolveu em torno de uma revista do mesmo nome criada por Theo Van Doesburg. De Stijl utilizava formas retangulares fortes e cores primárias e celebrava composições assimétricas. A imagem acima mostra a Cadeira Vermelha e Azul, criada por Gerrit Rietveld.

1918
Construtivismo
Movimento de arte moderna que se originou em Moscou, em 1920, caracterizado pelo uso de métodos industriais para criar objetos não realistas, muitas vezes geométricos. O construtivismo russo foi influente no modernismo pelo uso da tipografia sem serifa preta e vermelha organizada em blocos assimétricos. A imagem acima mostra um modelo da Torre de Tatlin, um monumento ao comunismo internacional.

```
ABCDEFGHIJKLM
NOPQRSTUVWXY
Zabcdefghijklmnop
qrstuvwxyz&01234
56789ÆÁÂÄÀÅÃÇ
ÉÊËÈÍÎÏÌÑŒÓÔÖÒ
ÕØÚÛÜÙŸæáâäà
ãçéêëèfiflíîïìñœóôöò
õøßúûüùÿı£¥ƒ$¢¤
™©®@ᵃᵒ†‡§¶*!¡?¿
.,;:"…""''‹‹›»()[]{}
l/_\•‾˜¯¨-#%‰=
–+~<>-_^/.
```

1919
Bauhaus

A escola Bauhaus abriu em 1919, sob a direção do renomado arquiteto Walter Gropius. Até ser forçada a fechar em 1933, a Bauhaus buscou uma abordagem original em relação ao design depois da Primeira Guerra Mundial, com uma ênfase de estilo na função em vez de na forma.

1925
Herbert Bayer

O designer gráfico austríaco Herbert Bayer personificou o desejo modernista de simplificar projetos gráficos ao menor número possível de elementos e fez diversas experimentações com a tipografia para reduzir o alfabeto a uma única caixa. Ele criou a Universal, uma fonte geométrica sem serifa. A ilustração acima mostra a Bayer Universal, uma fonte com peso de traço uniforme, formas geométricas e baixo contraste.

1928
Jan Tschichold

O tipógrafo alemão Jan Tschichold foi um dos principais defensores do design modernista como expresso pelo *Die neue Typographie* (a nova tipografia), um manifesto do design moderno que promovia fontes sem serifa e design não centralizado, além de delinear diretrizes de uso para diferentes pesos e corpos de tipo. A fonte Sabon mostrada na imagem acima recebeu esse nome em homenagem a Jacques Sabon e exemplifica o enfoque modernista, movimento em que Tschichold foi um dos pioneiros.

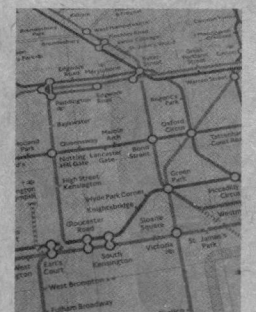

1928–1930
Gill Sans
O tipógrafo Eric Gill foi aluno de Edward Johnston e aprimorou sua fonte Underground, transformando-a em Gill Sans. Esta é uma fonte sem serifa com proporções clássicas e características geométricas elegantes que lhe conferem uma grande versatilidade.

1931
Harry Beck
O designer gráfico Harry Beck (1903-1974) criou o mapa do metrô de Londres em 1931. Trabalho abstrato que não se baseia na escala física, as estações apresentam uma distância uniforme entre si, uma vez que Beck priorizou as necessidades definidas pelo usuário de como ir de uma estação a outra e onde mudar de linha, em vez de uma representação exata e proporcional.

Anos 50
Estilo internacional
O estilo internacional, ou suíço, baseava-se nos princípios revolucionários dos anos 1920 como De Stijl, Bauhaus e *Die neue Typographies* e estabeleceu-se nos anos 1950. Grades, princípios matemáticos, simplicidade e tipografia sem serifa tornaram-se a norma, já que o estilo favorecia a utilidade universal em detrimento da expressão pessoal.

1951
Festival da Grã-Bretanha
Exposição nacional em Londres e em outras cidades da Grã-Bretanha inaugurada em maio de 1951. Esse festival pretendia ser "um tônico para a Grã-Bretanha", em um momento em que a nação buscava reerguer-se após a Segunda Guerra Mundial. O festival também marcou o centenário da Grande Exposição de 1851.

1951
Helvetica
Criada pelo designer suíço Max Miedinger, a Helvetica é uma das fontes mais famosas e populares do mundo. Ela tem formas limpas e práticas que se baseiam na fonte Akzidenz Grotesk. Originalmente chamada Haas Grotesk, seu nome mudou para Helvetica em 1960. A família de fontes Helvetica tem 34 pesos e a Neue Helvetica, 51.

1957
Vorm Gevers
O designer gráfico e o tipógrafo holandês Vorm Gevers é conhecido pelos seus pôsteres e pelo design da exposição do Museu Stedelijk, em Amsterdã. Gevers criou várias fontes, inclusive a New Alphabet (1967), uma fonte abstrata baseada em um sistema de matriz de pontos para ser facilmente lida por computadores.

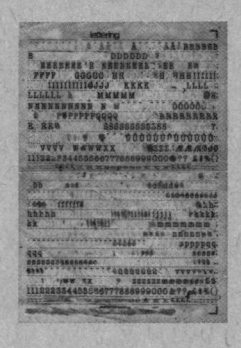

1958
Margaret Calvert
Tipógrafa e designer gráfica sul-africana, Margaret Calvert, juntamente com Jock Kinneir, criou muitos dos sinais de trânsito utilizados na Grã-Bretanha. Esses sinais apresentam pictogramas simples e informativos, como a figura de uma vaca usada para denotar animais da fazenda. Ela também criou fontes para o sistema Linotipo, incluindo a fonte intitulada Calvert.

Anos 1960
Psicodelia e pop art
A cultura passou a ser pop nos anos 1960, uma vez que a música, a arte, a literatura e o design tornaram-se mais acessíveis e passaram a refletir a vida cotidiana. Propositadamente óbvia e descartável, a pop art foi criada como uma reação à arte abstrata.

A contracultura psicodélica que se desenvolveu durante o mesmo período mesclava diferentes gêneros e meios, quebrando limites tradicionais. Acima, o pôster de Milton Glaser apresenta uma silhueta no estilo Marcel Duchamp combinada com redemoinhos caligráficos. Mais de seis milhões de cópias foram impressas.

1961
Letraset
A criação do Letraset, um processo de transferência de caracteres a seco, permitiu a qualquer pessoa trabalhar com tipografia. Transferida diretamente para a arte-final ou praticamente qualquer suporte com um ligeiro esfregamento, era frequentemente utilizada para títulos enquanto o corpo do texto era fornecido por uma máquina de escrever.

1976
Frutiger

O tipógrafo Adrian Frutiger conquistou um lugar de destaque no panteão dos designers de tipos devido ao sistema de numeração de grade que ele desenvolveu para a Univers. Frutiger completou a expansão da família de fontes Frutiger em 1976, um projeto que ele começou em 1968 ao criar a sinalização do aeroporto Charles de Gaulle, em Paris. A ilustração mostra o conjunto de caracteres Frutiger, com formas arredondadas e de baixo contraste.

1977
I Love New York

Criado por Milton Glaser, o icônico "I Love New York" é um dos exemplos mais famosos e reconhecíveis de um rébus. Sua simplicidade, equilíbrio e expressiva explosão de vermelho combinado com uma fonte grossa e arredondada garantiram seu sucesso.

1981
Bitstream

Fundada em 1981 por Matthew Carter e Mike Parker, a Bitstream foi a primeira fundidora de tipos digital. A produção de fontes digitais separou ainda mais o design de tipos dos fabricantes de tipos. A companhia desenvolveu a Charter, que tinha letras abertas para impressoras de baixa resolução, e criou a Verdana para uso em monitores, com curvas, diagonais e linhas retas exibidas em pixels em vez de desenhadas.

284

1981
The Face
O designer gráfico Neville Brody revolucionou o design de revistas com sua paixão pela tipografia. Isso ficou evidente nas páginas da *The Face*, uma revista de comportamento que aborda música, design e moda. Fontes antigas e contemporâneas foram exageradas em escala e proporção, distorcidas, e complementadas com fontes geradas por computador pelo próprio Brody, no intuito de desafiar a noção de legibilidade.

1982
Conclusão do Memorial dos Veteranos da Guerra do Vietnã, Washington
O Memorial dos Veteranos da Guerra do Vietnã é um monumento que honra os membros das forças armadas norte-americanas que serviram nessa guerra. O monumento esculpido com os nomes de todos os mortos no conflito é a parte mais famosa do Memorial.

1984
Apple Mac
O "Mac" revolucionou o computador pessoal com monitores mais fáceis de usar e programação operacional oculta do usuário. O controle na produção de tipos migrou dos compositores profissionais de tipos para os designers e se estendeu a amadores bem como a outros profissionais da indústria. A baixa resolução dos primeiros computadores pessoais exigia novas fontes que assegurassem a legibilidade.

1985
Fontographer

A customização de fontes tornou-se disponível a qualquer pessoa com o advento do programa de design Fontographer, que possibilitou que as fontes existentes pudessem ser manipuladas e remodeladas. As fontes baratas produzidas pelo Fontographer inicialmente causaram preocupações às empresas de tipografia tradicionais em relação à perda de espaço no mercado, mas isso foi relativizado pela quantidade de trabalho exigido para criar uma nova fonte.

Na imagem acima, a fonte Trixie, criada pela Letterror.

1984
Emigré

Emigré, revista de design gráfico norte-americana, foi uma das primeiras publicações a utilizar computadores Macintosh e a influenciar designers gráficos para migrar para a editoração eletrônica (desktop publishing – DTP). A revista também serviu como um fórum para a experimentação tipográfica.

1990
New Wave

No início dos anos 1990, os designers gráficos reagiram ao estilo internacional e buscaram romper com as restrições das grades em favor da experimentação, do uso lúdico de tipos e um enfoque artesanal. O uso de tipos tornou-se mais sutil e expressivo, passando a ser parte da mensagem e não apenas seu meio de comunicação.

Conclusão

Este livro fornece uma referência a muitos termos utilizados no design gráfico, bem como uma visão geral de alguns aspectos históricos e culturais que influenciaram o desenvolvimento dessa área, a fim de que o leitor possa aprimorar seu conhecimento e gosto pelo tema. O design gráfico é uma atividade vibrante e em constante evolução, que busca incorporar novas ideias a partir de todos os segmentos da sociedade. Esperamos que esta obra o ajude a expandir seus horizontes.

(Se você não viu a página 230, ela fala sobre as semáforas que ilustram esta página)

Agradecimentos

Agradecemos a todos que nos apoiaram durante a produção deste livro, inclusive vários diretores de arte, designers e artistas pela gentileza de permitir a reprodução de seus trabalhos. Um agradecimento especial a todos que pesquisaram, coletaram, compilaram e redescobriram alguns projetos contidos nesta obra. Agradecemos a Xavier Young pela sua paciência, determinação e habilidade em fotografar os trabalhos aqui apresentados. Por fim, somos gratos a Brian Morris, Caroline Walmsley, Renée Last e Sanaz Nazemi, da AVA Publishing, que atenderam todos nossos pedidos e nossas perguntas e que sempre nos apoiaram.

Embora este livro não esgote o tema, nos esforçamos ao máximo para incluir todos os termos mais utilizados em design gráfico. Se você achar que esquecemos uma entrada importante, envie um email (em inglês) para enquires@avabooks.co.uk e escreva no campo assunto Visual Dictionary Entries. Coloque seu nome e endereço e, se sua sugestão for acrescentada em uma futura edição atualizada do livro, lhe enviaremos uma cópia gratuitamente!*

Créditos

Página 19 © SX70
Página 27 © Richard Learoyd
Página 29 (ilustração inferior à esquerda) www.alphavisions.com; (ilustração inferior à direita) © Lisa Fletcher
Páginas 36, 37, 47, 49, 50, 58, 63, 65, 67, 74, 78, 83, 95, 102, 104, 105, 107, 109, 114, 142, 144, 148, 175, 177, 187, 194, 215, 232, 237, 249, 254, 263 todas as imagens são cortesia de Xavier Young
Página 170 © Paul Harris
Página 258 © Gavin Ambrose
Página 59 © Helen Rubtsov
Página 96 © Andrzej Tokarski
Página 110 © Astrida Valigorsky
Página 166 © Joseph Weber
Página 208 Dorothea Lange. Migrant Mother, Nipomo, California. 1936 Cortesia da Biblioteca do Congresso dos EUA, Divisão de Impressos e Fotografias. Coleção FSA/OWI, (LC-USZ62-95653)
Página 252 © Jamie Carroll
Página 264 © Andrei Tchernov

*N. de R.: Comentários e sugestões relativos à edição brasileira desta obra podem ser encaminhados para secretariaeditorial@artmed.com.br.

Índice de Sinônimos e Referências Cruzadas

Acento agudo, 19, 76
Acento circunflexo, 19, 76
Acento grave, 19, 76
Adaga dupla, 20
Algarismos alinhados, 46, 22
Algarismos no estilo antigo, 22
Alinhado à direita, 23
Alinhado à esquerda, 23
Altura da letra, 25
Altura x, 28, 32, 25
Análogas, 229
Anel, 76
Ascendente, 32, 27, 25
Aspas curvas, 201
Aspas, 201
Barra, 27
Bauhaus, 126
Bitmap, 256
Block, 109
Bojo, 27
Braço, 27
Braquia, 19, 76
Brilho, 59
Cabeçalho, 131
Cabeço, 131
Caixa única, 159
Caligráfico, 47
Caron ou háček, 76
Cedilha, 76
Centralizado, 23
Chauvinista, 207
CMYK, 43, 242, 205, 125, 157, 18, 144, 224, 62-64
Coluna, 54, 131, 165
Complementares, 229
Complementos adjacentes, 229
Complementos divididos, 229
Complementos duplos, 229
Complementos mútuos, 229
Composição a quente, 56, 102
Construtivista, 29
Contracultura, 208
Cor especial, 116
Cor subordinada, 61
Corpo do tipo, 65
Corte especial, 167
Croma, 59, 245
Debrum, 75
Descendente, 32, 27, 25, 244
Deslocamento da linha de base, 155, 244
Destaque (cor), 61
16 bits, 242
Diérese, 19, 76
Disco de cores, 79, 163
Dobra-janela, 161
Dobras paralelas, 84
Dobra-sanfona com autocapa, 81
Dobra-sanfona, 85, 81
DPI (ponto por polegada), 86, 219
Em máquina, 264

Eme, 166, 91
Encadernação com cola, 94
Encadernação com wire-o exposto, 94-95
Encadernação com wire-o, 94-95
Encadernação em lombada canoa (grampo à cavalo), 94
Encadernação sem costura, 94, 143
Endossado, 139
Ene, 91
Entretela, 100
EPS, 118
Espalhamento (spread), 260
Espinha, 27
Extensão, 75, 112, 187
Fantasia, 109
Fólios, 131
Fraktur, 38
Geométrico, 36, 177
Goma-laca, 264
Gótico (Gothic), 38,132, 109
Grampo lateral, 94
Hexachrome, 242, 18
Hierarquia, 134
Hifenização, 23
Hifens, 91
Hot stamping, 115
Imposição, 218, 200
Impressão em quatro cores, 63
Impressão sobreposta (overpint), 249, 144-145, 260
Impressão tom sobre tom (surprint), 259
Impressão vazada, 145
JPEG, 118
Justificação forçada, 23
Justificado, 23, 162, 42
Lab, 242
Largura, 151, 117
Layout, 54, 112, 152
Ligatura, 88, 80, 46, 180
Linha de base, 32, 155, 24-25, 101
Linóleo, 156
Lombada, 75, 95, 97-98
Loop, 182
LPI (linhas por polegada), 86, 219
Macron, 76
Marcadores, 78
Marcas, 139
Margem de encadernação, 165
Margem externa, 93, 60, 131
Margem inferior, 131
Margem interna, 131
Margem superior, 131
Medidas relativas, 166
Meio-corte, 110
Meios-tons, 141
Meio-tom de cor, 114
Miolo, 75
Molde, 136

Monocromático, 229, 174
Movimento artístico, 111, 57,68-69, 245
Não revestido, 245
Obstrução (choke), 260
Oco, 27
Offline, 264
Ogonek, 76
8 bits, 242
Orelha, 183, 27
Orelhas, 75, 184
Pantone, 242
Papel couché monolúcido de alto brilho, 245
Papel-cartão de fibra reciclada, 136, 245
Papel-jornal, 245
Parágrafo, 162, 270
Perna, 27
Plica, 201
Polarização, 114
Ponto, 76
Pontos, 166
PPI (pixel por polegada), 86, 219
Preenchimento de cor, 70
Preto de quatro cores, 205, 104
Profundidade de foco, 206
Queixo, 27
Rebarba, 211
Registro, 260
Reserva de cores (knockout), 260
RGB, 63, 43, 242, 125
Romano, 147, 108-109, 244
Ruído, 130, 225
Saturação, 67, 59
Script, 109
Sem serifa, 28, 137
Serifa, 27
Serifa curva, 234
Serifa curva grossa, 234
Serifa de fio claro, 234
Serifa grossa, 50
Serifa indefinida, 234
Serifa reta, 234
Serifa reta grossa, 234
Serifa triangular, 234
Símbolo, 160, 78, 140, 207, 238
Solarização, 114
Suporte, 253,99
TIFF, 118, 168, 256
Til, 19, 76
Tipografia, 166, 57
Tom, 59
Trema, 19, 76
Tríades, 229
Valor, 59
Verniz, 265
Vértice, 27